「価値創造」の道

いま、中国で広がる「池田思想」研究

汪鴻祥

鳳書院

創価大学の「周桜」(本文178P参照)©Seikyo Shimbun

はじめに

私が創価大学の交換教員になったのは１９８４年9月で、約1年間の任期だった。その後、中国と日本の他大学での教員生活を経て、再び１９９８年4月から２０１9年3月までの21年間、非常勤講師と専任教員（教授）を務めた。計22年にわたる「創価の歳月」を振り返ってみると、実に感慨深い。

創価大学は本年、開学50年の佳節を刻んだ。創立者の池田大作先生は「人間教育の最高学府たれ、新しき大文化建設の揺籃《ようらん》たれ、人類の平和を守るフォートレス（要塞）たれ」との建学の理念を掲げ、東京都八王子の地に創価大学を創立された。私の「創価の歳月」は50年の半分足らずではあるが、この間は創価大学が海外の学術機関との交流を広めた時期であり、まさに「人類の平和を守るフォートレスたれ」との理念を具現化しつつあった貴重な歳月といえる。

私の「創価の歳月」の源は、42年前に母校・復旦《ふくたん》大学で初めて池田先生にお目にかかった時に遡《さかのぼ》る。1978年9月、池田先生の第4次訪中の折、復旦大学への2度目の図書贈呈が行われた。その式典で、大学院在学中の私が、学生代表として謝辞を述べた。この時、間近で見た池田先生の姿から受けた感動は衝撃的だった。私は、池田先生が創立された創価大学に留学したいとひそかに思った。

その思いが実現するまでには、6年かかった。交換教員として創価大学に滞在した約1年の間に、何度も池田先生にお目にかかり、励ましを受けた。そして、キャンパスに溢れる日中友好の温かい雰囲気を実感し、この大学で教育・研究に携わり、日中友好の人材育成に尽力したいと願うようになった。

池田先生との最初の出会いから28年後、私は創価大学の専任教員（教授）として招聘された。以来、教育、研究及び中国交流に取り組んできた。

教育分野では、共通科目中国語のコーディネーターとして運営と授業を担当し、またダブルディグリー（4年間で2つの大学の学位を取得する）コースの中国語授業を担当した。中国語の他に、文学部の「アジア社会論」や「東アジア共同体と安全保障論」、また創価女子短期大学の「地域研究Ⅱ」などの科目も担当した。近年は、中国人留学生向けの「人間教育論（C）」科目のコーディネーターとして運営と授業を担当した。

研究分野では、国際関係と日中関係の研究、特に「池田思想」の研究に取り組んできた。その関連の編著を出版し、論文は40編以上も発表した。

中国交流分野では、創価大学北京事務所の運営委員会委員として、さらに創価大学代表団のメンバーとして中国の大学を訪問し、関連の行事に参加をした。また、創価大学では中国の大学の首脳や研究者を迎えるホスト役として、多くの日中友好交流の場に関わることができた。

※

21世紀に入って、中国各地では「池田思想」を本格的に研究しようとの機運がさらに高まっている。

2005年以降、北京大学、華中師範大学、湖南師範大学、北京師範大学、遼寧《りょうねい》師範大学、中山《ちゅうざん》大学、上海師範大学、陝西《せんせい》師範大学、南開大学、復旦大学などで、全国規模の「池田大作思想国際学術シンポジウム」が開催されてきた。本書を執筆中の2020年11月18日には、コロナ禍のさなか大連市で「池田大作教育思想研究と実践」シンポジウムがオンラインで行われた。

中国でなぜ、「池田思想」の研究が進んでいるのか？

まさに本書の主題であるが、私は、池田先生がかつて「『価値創造』とは、端的にいうならば、いかなる環境にあっても、そこに意味を見いだし、自分自身を強め、そして、他者の幸福へ貢献しゆく力のことであります」と語られた、その言葉の中に本質があると考える。

いま、中国人民が希求してやまないのは、「価値創造」の人生といえよう。政治や経済の指標だけではなく、いかに生きるべきかという哲学（倫理）的な指標が求められているのである。ゆえに、「池田思想」を必要としていると思う。

私の「創価の歳月」とは、言い換えれば「価値創造の歳月」である。

長い間、創立者・池田先生をはじめ大学の上司、同僚、職員の方々、学生諸君に大変お世話になった。創立50年を迎えた創価大学の益々の発展を願いつつ、本書を捧ぐ。

令和3年4月2日

東京・八王子市にて

汪鴻祥

「価値創造」の道◉目次

第二章　創価大学と中国学術機関の交流　95

凡例

一、本文中に登場する人物の肩書は、当時のものです。

一、本文中に登場する主な中国人の氏名は日本語読みとし、原則として本書の初出にふりがなを付しました。

編集協力◉安部直文
装幀・DTP◉奥定泰之

序章
中国で「池田思想」が尊重される理由

私は30年余り日本で暮らしているが、その間、百数十回余、日中間を往復した。在日中国人学者として、日本と中国の双方に深い関わりがある一人である。

日中両国は、周知のように歴史問題や領土問題などの課題を抱えつつも、経済や文化という面では密接不可分な関係にある。この関係を築いてきたのが、人的交流に他ならない。

ちなみに、2019年末時点で、日本で暮らす中国人は約81・3万人、中国本土で暮らす日本人は約11・6万人であった。また、ビジネスや観光で日本を訪れた中国人インバウンドは約1668万人（中国、香港、台湾の合計）と過去最高記録を更新し続けてきた（2019年末時点）が、コロナ禍によって2020年のインバウンドは激減した。

しかし、人的交流の拡大は、もはや押し戻せない潮流である。コロナ禍の収束と共に、再び拡大に転じることは明らかである。ただし、私は国際的な人的交流は拡大のみならず深化しなければならない、と考える。そうでなければ、発展は望めないからだ。

人的交流の深化こそが、相互理解を深め、関係性を強固にする。そして、日中関係は、人的交流を拡大しつつ深化する時代を迎えていると認識している。

本章では、「池田思想」が中国で必要とされる背景について述べてみたい。

経済大国となった中国

中国は今、アメリカと肩を並べる世界の経済大国となった。それどころか、アメリカを凌駕する大国になるかもしれないと言う識者もいる。

その端緒は、1978年末に発表された「改革開放」政策にある。この政策は、1949年10月に発足した中華人民共和国が堅持してきた固有の社会主義概念を改革して、「経済中心」の近代化を追求しようというものだった。中国は、建国29年目にして「脱社会主義」の改革開放時代に移行したのである。

1982年、中国共産党第12回大会は、近代化の具体的なプラン（経済の4倍増計画）を確定し、鄧小平《とうしょうへい》の下で胡耀邦《こようほう》を総書記とし、趙紫陽《ちょうしよう》を総理とする「第二世代」の指導体制となった。そして同年12月、全国人民代表大会が新憲法を採択し、国家機構を修復し、近代化のための制度を整備した。

この経済4倍増計画は、かつての日本の「所得倍増計画」を彷彿とさせる。日本の池田勇人首相が「所得倍増計画」を打ち出したのが1960年で、これは10年間で国民所得を倍増させるという長期経済計画だった。そして、この計画が実を結び、日本は世界が驚く奇跡的とも称された高度経済成長を遂げたのである。

1980年代の中国は、経済発展に伴い社会構造や民衆意識にさまざまな変化が現れた。政治中心から経済中心へ、イデオロギー重視から実利重視へ、さらに一元化から制限ある多元化へと、ダイナミックな10年だった。

そして1992年、市場化の実施によって中国経済は全面加速の状態に入った。1990年代は二桁の経済成長率を続け、世界最高の経済成長国になった。これを先導したのは、市場経済を導入した鄧小平及びその後継となった江沢民《こうたくみん》、朱鎔基《しゅようき》ら「第三世代」の指導者たちであった。

1997年の共産党第15期大会で、江沢民は「中国共産党は先進的生産力を代表し、先進的文化を代表し、最も広範な人民の根本的利益を代表する」という『三つの代表』の思想を打ち出した。これは、中国社会の変動を考察した上での、「中国共産党は労働者・農民を代表する階級政党から国民政党へと変身した」という宣言だった。

2002年の共産党第16期大会では、胡錦濤《こきんとう》が総書記のポストに就いた。さらに翌年の第10期全人代第1回会議において、胡錦濤が国家主席、温家宝《おんかほう》が総理となった。2004年には、江沢民に代わって胡錦濤が軍事委員会主席に就任。胡錦濤が党、国家、軍の三権を掌握したことは、「第三世代」から「第四世代」への指導体制の移行を意味した。

その後、胡錦濤は内政と外交の両面において、徐々に独自の色を出し始めた。2007年、共産党第17期大会は胡錦濤を再選し、「第四世代」の指導体制が本格的にスタートした。胡錦濤は『以人為本』(人間本位)の科学発展観」を打ち出し、内政面では「調和社会の構築」、外交面では「調和世界の構築」という目標を掲げた。

胡錦濤体制下の10年間は、中国社会の安定を図りながら世界第二の経済大国に引き上げるなど、内外にわたる目覚ましい成果を上げた。2008年は世界金融危機の影響を受け、一時的に実質成長率が6%台に下がったが、4兆元の大型景気対策の効果などでいち早く回復し、世界経済を牽引するエンジンとしての存在感を高めた。2010年、中国の年間経済成長率は10・3%、GDPは6兆94億ドルに達した。GDPは日本の5兆4588億ドルを上回り、世界第2位となった。さらに、粗鋼生産量、自動車新車販売台数、外貨準備高、対外輸出、携帯電話利用者数、インターネット利用者数、高速鉄道網の距離数など、多くの経済指標が世界一となった。

2012年11月、共産党第18回大会が開催され、習近平《しゅうきんぺい》を総書記とする新指導部の人事が決定した。翌年3月の第11期全人代第1回会議は、習近平を国家主席、李《り》克強《こっきょう》を総理に選出し、「第五世代」の指導体制がスタートした。

習近平は、「中国の夢」すなわち「中華民族の復興」という大目標を掲げた。国際社会に向けては「人類運命共同体」理念のもと、アジア、ヨーロッパ、アフリカの各大陸にまたがる経済圏構想「一帯一路」を提唱。国内向けには10年間でGDP

を2倍にし、国民一人当たりの平均所得も2倍にするという、「二つの2倍増プラン」を打ち出した。2020年のGDPはコロナ禍の影響を受けたものの、物価の変動を除く実質で前年比2・3%増の101兆6000億元（約1628兆円）と、初めて100兆元の大台を突破した。

※

ごく大まかであるが、建国後の政治・経済の流れを概説したのは、「池田思想」が注目されるようになった歴史的背景を確認しておきたかったからに他ならない。中国社会は今、大変動期にある。急速な経済成長を遂げた一方、政治改革の遅れによって、政治の腐敗、貧富の格差、社会の不安などの問題があると指摘する向きもある。

これらの問題は、高度成長が招いたバブル経済崩壊から今日に至る約30年間にわたる日本の社会状況の「後追い現象」ともいえよう。中国の経済成長は、日本という「前車の轍」を踏むべきではない。経済大国になった中国が国際社会に求められているのは、民主、自由、平等、公正などの普遍的な価値である。世界の国々や人々から真に尊敬される国家となるには、クリアすべき課題は多い。

中国の内政課題

社会主義は「人民の平等、財産の平等」を基軸とする。しかし、中国の現状を見るかぎり、建国理念と現実の利益重視の内政とのバランスをとることの難しさを痛感せざるを得ない。改革開放以来の40年余の間、中国社会は経済成長と共に社会構造が変わり、大衆意識も大きく変化した。その結果、さまざまな内政課題が表出している。

その第1が、政治の腐敗である。中国では近年、中央指導部から末端組織にいたる広範な汚職の摘発を進めてきた。習近平体制となって以来、中央から地方組織に至るまで公務員の汚職・不正行為を抑制しつつあるものの、政治腐敗は一部の「裏社会」ではなく、中国全体の問題となっている。その原因には政治、経済、歴史、文化など複合的な要素が絡み合っているので、腐敗の根絶は極めて難しいといえよう。

1949年10月の建国以来、政治及び各分野は、共産党の指導下にあった。共産党員は総人口の約6・8％（9500万人以上）とされ、共産党幹部の多くはいわば特権階層である。その特権の悪用から汚職が生じる。政治腐敗を根治するため、断固として政治改革を推進しなければならない。しかし、いまの中国では政治改革を推進すべきとの声はあっても、進展はおぼつかない。

内政課題の第2は、貧富の格差である。中国では、沿海部と内陸部、都市部と農村部の地域間の格差、また富裕層と貧困層の階層間、個人間の所得格差が際立っている。

特に、都市部と農村部の「二重社会構造」問題が深刻である。1950年代に始まった都市戸籍と農村戸籍を区別した戸籍制度によって、農民は「二等国民」として差別をされ、出稼ぎの2億人以上の農民労働者（農民工）はさまざまな面で不公正な扱いを受けてきた。

所得格差では、都市部が農村部の2・5倍、1％の人が9割以上の資産を独占する一方で、貧困生活を強いられている人が数千万人もいるといった、二極分化が進行している。格差度を測るジニ計数（Gini coefficient　社会における所得の不均衡さを測る指標。0～1の間で数値が大きいほど格差大）は危機の臨界線とされる0・5に迫っていて、中国社会の格差は今や危険水域に入ったという識者もいる。

内政課題の第3は、社会の不安である。格差や不公平は、社会の不協和音や緊張を高める。今、中国では民衆の陳情は件数も人数も増え、規模も拡大している。「群体性突発事件」と呼ばれる大衆騒動事件が増加し、年間20万件超というデータもある。その背景には、制度や政策が生み出した社会矛盾の蓄積があるとの指摘もある。中国政府は、このような動向への対応策として、「公共安全」という名目の予算を組んで対処している。この社会安定維持費用は、公表はされていないが、国防予算を上回ったともいわれているのである。

内政課題の第4は、教育や医療の不公平である。9年間の義務教育が法律で定められているが、普及しているのは都市部だけで、農村部では経済事情で小学校の卒業すらままならない家庭が多い。また都市部では教育の産業化が進み、人材育成より利益重視の側面が顕著で、高額な教育費が一般民衆の重い負担となっている。大学教育にも懸念材料がある。大学数は2600を超え（民間大学は約4分の1）、在籍の大学生・大学院生は4000万人以上もいて、就職難が深刻化している。医療の面では、社会保障制度が整備されつつも、全国民への医療保険の普及が遅れ、特権階層と一般大衆の医療格差が問題となっている。特に貧しい農村部では、一部の農民が病気にかかった時に基本的な治療さえ受けられない状態もあることが指摘されている。

大衆意識の変化をもたらした要因は、インターネットやウェイチャットの普及である。利用者（网民）は9億8000万人を超え、中国は世界一の「ネット大国」となった。ネット空間の拡大によって大衆は積極的に情報を入手し、意見を表明しようとする。しかし、ネット空間の拡大による社会の多元化は、統治という面では難しい側面もある。中国における報道や表現の自由の制限に対する欧米諸国の懸念は根強い。メディアに対する国家によるチェック態勢が依然として厳しい点が特に問題とされている。

求められる「人間本位と調和」の理念

本来、「公平な分配」を標榜してきた社会主義国家に、経済成長によって拝金主義、享楽主義、利己主義がはびこり、モラルの低下や社会不安が生じつつあると憂慮する人々もいるようだ。人心、つまり倫理（道徳）の問題は、中国社会の深層に存在しているのである。

中国では古来、「中庸」を倫理規範の基礎としてきた伝統がある。中庸とは、「偏りがなく、公正なこと」である。儒家思想の聖典の一つとされる『論語』は、孔子《こうし》が「中庸之爲德也　其至矣乎　民鮮久矣（中庸の徳たるや、其れ至れるかな。民鮮〈すく〉なきこと久し）」と述べたと記している。「（正しい道を修める上では）中庸でなければならない。だが、それを見失っている世の中が嘆かわしい」と。また、中庸を「過猶不及」とも記している。「過度なことは不足しているのと同じで、どちらも中庸ではない」と。2500年前に孔子が強調し、人々が見失っていることを嘆いた中庸は、長らく為政者の亀鑑とされてきた。ちなみに、権力でなく徳力によって国家を統治するのが「徳治政治」で、為政者には「中庸の徳」が求められた。

2011年1月、北京の天安門の直近に巨大な「孔子像」が建立された。高さ9・5メートルの像は、中国政府が内政において「徳治」を重視するというメッセージとも考えられなくはない。

文化大革命(1966~76年)で、封建主義の悪しき象徴として徹底的に批判された孔子が、復活しているのである。その予兆は、1990年代以降の「国学」ブームや各地の孔子廟の修復・再建、さらに2004年からは中国政府が世界各国の大学と提携して「孔子学院」設立を進めていること、2005年には政府主導で「孔子生誕記念式典」が開催されたことなどに見られた。

しかし、毛沢東《もうたくとう》の大きな肖像画が掲げられた天安門のすぐ近くに、巨大な孔子像が立つ光景は、今の中国が抱えている自己矛盾の表象ととらえる向きもある。自己矛盾とは、建国理念と現実との乖離があるという考え方だ。中国にとって喫緊の課題は、不均衡な社会を是正することによって理想の文明国家を建設し、民主政治、市場経済、公平社会、多元文化などの目標を実現することではないだろうか。

実は、ここに人間主義理念や調和理念を含む「池田思想」が中国で求められている理由があると、私は考える。

池田大作先生は、中国では「日中国交正常化」への道筋を作り、その道を拡大・深化した人物として高く評価をされてきた。詳しい経緯は後述するが、「革命第一世代」の周恩来《しゅうおんらい》に始まり「第四世代」の胡錦濤までの国家最高指導者との交流、中国の大学・学術機関から贈られた名誉学術称号が127（2021年8月時点）にのぼる、ということからも「池田思想」への評価の高さが分かる。

「池田思想」研究は〝布教〟ではない

池田先生の思想は、大乗仏教の流れの中、創価学会の牧口常三郎初代会長と戸田城聖第2代会長の理念を継承し、現代社会の発展をリードし、大きく展開されてきた思想と実践の両面を指すといってよいだろう。まさしく思想即実践である。

「池田思想」の核心は、「万物の生命は尊極で、平等かつ永遠性を有する」という『生命哲学』である。その源は、釈迦の教説を記した『法華経』に遡《さかのぼ》る。そして戸田第2代会長は、会長就任以前に思想犯として投獄された獄中で『法華経』を身読し、「(経典に記された)仏とは、生命のことだ」と覚知された。そこに、「池田思想」の原点があると思われる。

創価学会が宗教団体であることは、中国政府は当然、承知をしている。共産党は、唯物論という立場から宗教は是認しにくい。しかし、現実的には中国社会の中に宗教は存在する。そこで、中国の宗教事情について少し触れておきたい。

現在、政府公認の宗教団体としては、仏教、道教、イスラム教、カトリック、プロテスタントの5つがある。これらは1950年代から存在し、所属する地方宗教団体はそれなりの宗教活動が認められている。一方で、社会の変化と発展によって、さまざまな新興宗教団体も現れている。非公認の新興宗教団体は「地下教会」と呼ばれ、非合法の秘密教会のような存在と認識されている。

政府の発表によると宗教信者数は約2億人とされるが、民間研究者による報告では3億人を超えているという。そのうち、仏教信者が最も多い。中国の仏教団体は信者登録制度がないので推定ではあるが、1億5000万人ほどのようである。信者数が伸びているのはキリスト教団体で、欧米などの伝教師の活動は活発化していて、それに対して政府は強い警戒心をもっていると思われる。

加えて、宗教は民族問題と絡み、複雑な構図になっている。チベット自治区と新《しん》疆《きょう》ウイグル自治区では、いろいろな動きがある。特に新疆では、イスラム過激勢力による動乱が何度も起きた。中央アジアのテロ組織とのつながりもあり、中央政府や新疆地方政府は警戒し、強い姿勢と強い措置で対応している。これについて、国際社会からは「人権侵害だ」という非難があるが、中国政府は新疆の社会安定を維持するためとしている。中国憲法は「宗教信仰の自由」を明確に定めているものの、宗教団体に対しては一定の管理と制限があるといえよう。

池田先生は初めての中国訪問（1974年）に際し、「中国で布教をするつもりはない」と明言されている。宗教人としてではなく、あくまでも日本の一民間人として訪中をされたのである。その姿勢は、その後も一貫して変わっていない。私は、それが歴代の中国指導者に評価され、信頼をされた重要な原因の一つだと思う。

変わらない姿勢といえば、もう一つある。それは、目の前の「一人」に対する姿勢である。北京で開催された児童節の行事に招待された池田先生は、案内してくれた少女とこんな会話を交わした。

少女「おじさんは、どこから来たのですか？」

先生「日本から来ました。あなたに会うために来ました。

　あなたは、将来、どんな仕事に就きたいと思いますか？」

少女「人民が望むなら、どんな仕事でもします」

「あなたに会うために来ました」という言葉は当意即妙だが、不断に思っていないとすぐ口にできるものではない。その背景には「一人」を尊重する「生命哲学」が脈打っている。そして、「一人」の尊重は、「以人為本」（人間本位）にも通じる。

「池田思想」は、激動の中国社会において大きな示唆を与えてくれる。

　唯物論が宗教を否定するのは、死後の世界を認めないからである。マルクス主義哲学の弁証法的唯物論は、自然や社会や歴史は物質的なものを通して発展したとしている。したがって、物質から構成される人体は死によって無に帰す。一方、すべての存在の根源は心・精神である、とするのが唯心論である。唯物論と唯心論は対立概念だが、これらとは異なる概念が、仏教の「中道」思想である。

中国では、儒教と仏教が互いに影響し合い、融合した歴史がある。その意味で、儒教の「中庸」と仏教の「中道」とは、宗教的概念や次元は異なるにせよ、人の生き方としての方向性は同じといえるのではないだろうか。

「池田思想」には、中道の世界観や生き方に関する深遠な思索の痕跡が留められている。大きく分類するなら平和論、文化論、教育論であり、個人においては幸福論、価値論といえよう。それらを学び、インカネート（肉化）することが、中国の「池田思想」研究の目的の一つである。実際、中国には主要な研究拠点が44か所設置（2021年8月時点）され、研究者も増えつつある。

池田先生が提唱されてきた人間主義理念、生命尊厳理念に共感する一般民衆も多い。特に、インテリ層は受け入れやすいようである。中国社会全体の多元化の進展によって、人々の思想が多元化していくのは当然である。

「中国で布教をするつもりはない」と明言した理由について、池田先生は「今、中国は、毛沢東思想の下で建設の道を歩んでいます。そのなかで人びとが幸せになっていけば、それは仏法にもかなったことになります。貴国の平和と繁栄が続けばよいのです」(『新・人間革命』第20巻、聖教新聞社刊)と述べている。

その後、47年を経て「人びとが幸せ」で「国の平和と繁栄が続いている」かどうかは中国人民が自ら判断すべきことである。そして中国の未来は、中国の〝人心〟が向かうところにあるといっても過言ではないだろう。

第一章

中国における「池田思想」研究の発展

私の創価大学教授の在籍期間中（2005年～2019年）に、中国における「池田思想」研究は大きく進展した。創価大学と正式に学術交流協定を結んだ中国の交流校は50校以上にのぼり、うち44大学・研究機関に「池田思想研究機関」が設置されている。

この十数年の間、中国各地では「池田大作思想学術シンポジウム」が数十回も開催され、全国規模の学術シンポジウムが10回にわたって行われた。私は、創価大学池田思想国際学術シンポジウム実行委員会の委員として、中国における全国規模のシンポジウムのすべてに関わった。

本章では、主なシンポジウムの概略を紹介しつつ、「池田思想」研究が中国国内でどのように発展をし、展開されてきたかについて述べてみたい。

北京大学のシンポジウム

第1回池田大作思想国際学術シンポジウムは、2005年10月14日に北京大学で開催された。テーマは「『21世紀への対話』と現代社会」である。

『21世紀への対話』とは、世界的名著として評価されている池田先生とトインビー博士との対談集のタイトルである。第1回のシンポジウムは、この対談集発刊30周年と中国語版発刊20周年を記念して開催された。

シンポジウムのテーマは、東洋と西洋を代表する思想家の対話を軸に、現代社会の変化や発展を考察することを視野に入れて設定された。

シンポジウムには、主催の北京大学と創価大学及び「池田思想研究機関」をもつ11大学・研究機関の47名の研究者が出席し、16本の研究論文が発表された。

開会式では、主催者を代表して北京大学日本研究センターの王学珍《おうがくちん》主任（北京大学元党書記）と創価大学の若江正三学長が挨拶をした。そして池田先生が寄せたメッセージには、トインビー博士が21世紀の中国の発展に期待していたことを紹介しつつ、「シンポジウムの大成功を念願する」とあった。

会場となった北京大学資源ビルの1階ロビーでは、池田先生の中日友好思想と実践をパネルで紹介する「池田大作博士と中日友好回顧展」が開催された。展示の開幕式で、来賓の王効賢《おうこうけん》・中日友好協会副会長は、池田先生が一貫して中日友好へ尽

第1回池田大作思想国際学術シンポジウム（2005 年 10 月 14 日、北京大学）

力してきたことを賞賛した。

このシンポジウムは中国の名門学府・北京大学で開催されたことで、「池田思想」研究の国際学術シンポジウムの端緒として大きな意義があった。

シンポジウム開催前日（13日）、創価大学代表団は北京大学と清華大学を相次いで表敬訪問した。両大学は「文系の北京大学、理系の清華大学」と呼ばれる、中国最高峰学府の双璧である。

北京大学では、許智宏《きょちこう》学長と会見をした。許学長は「北京大学が初めて交流協定を結んだ大学は創価大学です。今日までの数多くの学術交流に感謝の思いは尽きません」「中日の教育機関の交流の役割は非常に大きい。その意味で池田先生が創立された創価大学が果たした貢献に心から感謝します」などと語った。

会見の際、私は代表団の通訳を担当した。差し出した名刺に「復旦大学日本研究センター兼任研究員」の肩書が併記してあったのを見た許学長は、会見終了時に私に声をかけた。私の復旦大学の教歴を聞いた許学長は、親しみを込めて「私は長い間、中国科学院の上海研究所に勤めていました。私たちは同郷ですね」と語った。この優しい一言を聞き、とても嬉しかった。

華中師範大学のシンポジウム

第2回池田大作思想国際学術シンポジウムは、2006年10月14日と15日、武漢の華中師範大学で開催された。テーマは「調和社会と調和世界」である。

シンポジウムの直前に、北京で中国共産党第16期中央委員会第6回全体会議（6中全会）が開催され、胡錦濤主席の主導のもとで「国内社会で『調和社会』、国際社会で『調和世界』を構築する」との方針が採択された。

池田先生は、現代社会の潮流である「平和」と「調和」の理念を数十年前に提唱されていた。そこで、シンポジウムのテーマを池田先生の調和理念を軸に、胡主席が掲げた「調和社会と調和世界」の方針と繋げて設定したのである。

このシンポジウムには、20大学・研究機構の研究者約70名が出席した。第1回に比べ規模が拡大したのは、評価の高まりを物語っていた。

開会式では、主催者を代表して華中師範大学の馬敏《ばびん》学長、創価大学の馬場善久副学長が挨拶をした。さらに参加者一同の総意として、「池田先生200名誉学術称号受章　慶祝文」が、華中師範大学池田大作研究所の陳鋒《ちんほう》所長から発表され、全員一致で採択された。

「慶祝文」は、「200もの名誉学術称号は、世界の教育界、学術界が、先生の深遠なる学術的造詣と高潔無私の人格、ならびに先生が人類の知識の進歩のために、尽くして来られた貢献に対する評価と褒賞であります」と謳っていた。

シンポジウムに寄せた池田先生のメッセージには、ロシアの文豪トルストイの言葉を引用し、中国こそ人類の変革の「先頭に立って、偉大な役割を演ずる」べきで

第2回シンポジウム（2006年10月14・15日、華中師範大学）

あるとし、またトインビー博士との対談に言及し、「人類が平和を確立し、自然との共生を実現していくために、中国に脈打つ『調和』の智慧が重要である」と指摘した。さらに「天人合一」の哲学と「大同思想」などの「中国思想の精華は、多元性、可変性に満ちた現実を、ありのまま直視しながら、差異や多様性を生かしつつ、それを統合しゆく『協調の智慧』を重んじてきました」と述べた。

続いて、華中師範大学の章開沅《しょうかいげん》元学長、アメリカ創価大学の羽吹好史学長、武漢大学の胡徳坤《ことくけん》副学長、南開大学の孔繁豊《こうはんほう》副学長、上海杉達《さんだ》学院の強連慶《きょうれんけい》副理事長らが、基調報告を行った。その後、15名の研究者が専門分野の視点からの論考を発表した。また、40本の研究論文が寄せられた。

第2回シンポジウムの開催前日（13日）、武漢大学で「池田大作研究所」の開所式が行われた。胡副学長が研究所所長を兼任し、中国思想史の大家である馮天瑜《ひょうてんゆ》教授が学術研究委員会主任を兼任した。

開所式で胡副学長は、「研究所の設立は、わが大学にとって非常に重要であり、研究に大学を上げて尽力したい」「池田先生は中日友好の柱であり、世界が仰ぎ見る『国際的な哲人』です」と語った。

湖南師範大学のシンポジウム

第3回池田大作思想国際学術シンポジウムは、2007年10月13日と14日、長沙の湖南師範大学で開催された。テーマは「多元文化と調和の世界」である。

このテーマは池田先生の「調和」理念と「文化主義」を軸に、中国政府が提唱する「調和世界」構築という方針と関連付けて設定したものである。折しも、シンポジウムの翌日に開幕した中国共産党第17期代表大会で、胡錦濤主席が「調和社会」

実現に向けた政策理念を打ち出し、時宜を得たものとなった。

このシンポジウムは、第2回よりもさらに研究の範囲を拡大し、内容も充実した。31の大学・研究機関の80名の研究者が出席し、60本の研究論文が発表された。

池田先生がメッセージを寄せ、私が中国語で代読した。

「『儒教ヒューマニズム』と『仏法の人間主義』とに通い合う、普遍的な人間尊厳の思想は、多様性に富む人類が平和的に繁栄する『多元文化と世界調和』を構築しゆくための精神の大地となる」とし、「人類が共通して実践すべき五つの規範」として、①他者への不可侵を貫く、②すべての生命尊厳を守る、③差異を尊重し文化を学ぶ、④地球益に立った交流を、⑤相手の人間性を信頼する、を挙げた。さらに「互いに触発し合い、人類への貢献を競い合う『人道的競争』への転換が、歴史の進むべき潮流ではないでしょうか」と記されていた。

創価大学と共催者となった湖南師範大学道徳文化研究センターは、中国屈指の倫理学研究の拠点である。センター所長で中国倫理学会の唐徳麟《とうとくりん》副会長は、「池田研究は年々学問として深まっています。次の世代に継承され、未来に希望を見出すこ

第3回シンポジウム（2007 年 10 月 13・14 日、湖南師範大学）

とができます」と語った。

開幕式では、湖南師範大学の張国驥《ちょうこくち》党書記、湖南省人民代表大会常務委員会の唐之享《とうしきょう》副主任、創価大学の馬場善久副学長が挨拶をした。そして、湖南省の周強《しゅうきょう》省長（知事）の祝辞が紹介された。

周省長は中国共青団（中国共産主義青年団）第一書記だった時に日本を訪問し、池田先生と会見をしている。湖南省に転任してからも友誼の交流を続け、シンポジウムの開催を知って祝辞を寄せたのである。

続いて、東南大学人文学院の樊浩《はんこう》院長、清華大学道徳宗教センターの盧風《ろふう》副所長が基調講演を行った。私は、「文明対話と国際関係」と題する論文を発表した。

北京師範大学のシンポジウム

第4回池田大作思想国際学術シンポジウムは、2008年10月25日と26日、北京師範大学で開催された。この年は池田先生の「日中国交正常化提言」発表40周年の佳節で、その記念シンポジウムとなった。

北京オリンピックの熱気が冷めやらぬ錦秋の北京は、昇竜のごとき急成長ぶりを見せていた。物質的な豊かさをもたらした一方で、精神的な貧しさを危惧する識者の声も高まっていた。調和のとれた社会の発展のために、中国の知性は「池田思想」を求めていたのである。

北京師範大学は中国屈指の、教育者養成の最高学府である。シンポジウムのテーマは、「平和と教育」だった。このテーマは、池田先生の平和主義と教育主義を軸に、世界平和や市民教育などの重要課題との関連で設定したものである。

このシンポジウムは、研究範囲においても参加人数においても、第3回よりもさらに拡大した。47の大学・研究機関の180名の研究者が出席し、60本の研究論文が発表された。

第4回シンポジウム（2008年10月25・26日、北京師範大学）

池田先生が寄せたメッセージには、「平和」は「人類の究極の目的」、「教育」は「人類の根本の軌道」と記されていた。そして、近代中国の教育を確立した蔡元培《さいげんばい》先生の教育思想と、「創価教育」を創始した牧口常三郎先生の教育理念に言及し、「万人の心の善心の薫発こそ、人間教育の使命であります」と述べた。さらに「教育の本義は、知識や情報を外から『注入』することにとどまらず、知識や情報を、如何にして人々の幸福のために、社会の繁栄のために、世界の平和のために使いこなしていくか。その主体となる、善なる智慧を、生命の内面から最大に『啓発』していくことである」と論じた。

開幕式では、主催者を代表して北京師範大学の葛剣平《かっけんぺい》副学長と創価大学の山本英夫学長が挨拶をし、北京師範大学元副学長・中国教育学会の顧明遠《こめいえん》会長、北京師範大学比較教育研究センターの項賢明《こうけんめい》主任、北京大学池田大作研究会の宋成有《そうせいゆう》会長らが基調講演を行った。私は、「日中関係における重要な提言」と題する論文を発表した。

遼寧師範大学のシンポジウム

第5回池田大作思想国際学術シンポジウムは、2009年10月24日と25日、大連の遼寧師範大学の学術報告ホールで開催された。

テーマは「人間主義と人類の発展」である。これは、池田先生の人間主義を軸に、胡錦濤国家主席が提唱した「以人為本」(人をもって本と為す、すなわち人間本位)思想との関連で、人類社会の発展を探求するために設定したものである。

今回は、研究機関も研究者も前回よりさらに増え、50大学・研究機関の150名の研究者が出席し、60本の研究論文が発表された。

池田先生はメッセージを寄せ、その中で「『人間』――これこそ一切の原点であります」と述べ、魯迅《ろじん》先生の「人間の精神が作興して溌剌となりさえすれば、国家も従って興起するのである」という言葉を引用し、「人を以って本となす」、「正義の道を貫け」、「『慈悲』の一念こそ変革の力」、「開かれた心で対話を重ねよ」、「青春の力で世代を超えた友好を」などと訴えた。

開幕式で遼寧師範大学の曲慶彪《きょくけいひょう》学長は、「池田先生の智慧に未来の世界を変える力がある」と述べた。また、大連中日教育文化交流協会の趙亜平《ちょうあへい》会長（元大連市副市長）が「世界的な池田先生の哲学に学ぼう」と語った。

続いて、中国文化界の重要な団体・中華文化促進会の高占祥《こうせんしょう》主席（中国文化部元常務副部長）より「終身国際顧問」証書が、創価大学の山本英夫学長に代理授与された。この称号は、人類文化の発展と日中友好への池田先生の卓越した貢献を讃えたものである。

私は、『池田大作　核廃絶思想と「核なき世界」』と題する論文を発表した。そし

第5回シンポジウム（2009 年 10 月 24・25 日、遼寧師範大学）

て創価大学の認可を得て、遼寧師範大学の崔学森《さいがくしん》准教授と共同作業を行い、2冊の論文集を編集・出版した。その一冊は、2005年から2009年にかけての5回にわたるシンポジウムの論文から優秀論文を選んで収録した『文明重生与人類発展』と題する論文集である。もう一冊は、遼寧師範大学シンポジウムで発表した論文を編集した、『以人為本与人類発展』と題する論文集である。

中山大学のシンポジウム

第6回池田大作思想国際学術シンポジウムは、2010年11月6日と7日、広州の中山大学で開催された。

近代中国革命の父・孫文《そんぶん》先生の号（中山）にちなんで命名された中山大学は、中国屈指の名門大学で、中国南部の最高学府ともいわれている。

シンポジウムの開会式は、孫文先生が「立志して、大事をなさんことを求め」との有名な講演をされた中山大学「懐士堂」で行われた。

シンポジウムのテーマは「21世紀の新文明構築」である。このテーマは池田先生の文明論を軸に、「文明の衝突」に代わる「文明の融合」を目指すものだった。「文明の衝突」とは、アメリカの政治学者S・ハンチントンが「ポスト冷戦」の課題として提起したキーワードで、1996年に同タイトルの本を発表して以来、世界的に注目されていた。したがって、シンポジウムにおける「衝突でなく、融合を目指す」との文明論へのアプローチは、重要な意味をもっていたのである。

シンポジウムは、研究機関の拡大や研究論文の増加など、新たな発展を見せた。

第6回シンポジウム（2010年11月6・7日、中山大学）

65の大学・研究機関の研究者ら約200人が出席し、73本の研究論文が発表された。

池田先生はメッセージの中で、シンポジウムのテーマに即した文明観を提示された。

中国の古典『礼記』の「大同」の語に触れ、「大同思想の淵源をたどっていくなら、さまざまな思想体系が生まれるよりもさらに以前の『民衆の智慧』に求められる」と言及し、また「この民衆のたゆまぬ教育と善性の連帯の積み重ねによってこそ、いかなる時代の激流にも揺るがぬ地球文明の安定の基盤が築かれていく」と述べた。そして、「いまこそ、民衆の幸福、世界の平和、人類の繁栄という大局に立って、力を合わせ、衆知を結集して、新たな活路を開く価値創造の力を満々と漲らせていくときであります」と指摘し、「東洋の民衆によって培われ伝えられてきた『万物共生へのエートス（道徳的気風）』が、21世紀の調和と創造の新文明の沃野を開きゆく、尽きせぬ希望の水源となることを、私は確信してやみません」と結んだ。

開幕式では、中山大学の李萍《りへい》党副書記が、「孫文先生が『大事』をなすことを訴えられたこの場所で、『21世紀の新文明構築』という大いなる事業を探求することは、非常に価値があり、意義深いことです」と述べた。主催者を代表し、中山大学の梁慶寅《りょうけんいん》党常務副書記、創価大学の山本英夫学長が挨拶をした。私は、「東洋の智慧と文明の融合」と題する論文を発表した。

北京サミット

6回にわたる池田大作思想国際学術シンポジウムを経て、2011年11月4日と5日、北京で創価大学の主催による「池田思想研究サミット」が開催された。

サミットでは「人間主義のルネサンス――池田研究の成果と展望」をテーマに、

した。

これまでの「池田思想」の研究成果と今後の方針について活発な議論が交わされた。

これには中国の代表的な「池田思想」の研究者、研究機関の代表者約30人が出席した。

池田先生はメッセージの中で、「『人間主義のルネサンス』への真価が、いやまして光を放ちゆかれることを、私は強く確信してやみません」と述べ、「人間主義とは、万人の生命に秘められた尊極なる『精神の力』を目覚めさせ、生き生きと解き放っていく旭光にほかなりません。さらに、確固たる『精神の力』によって、物質文明をも、自他共の幸福と平和へと、正しくリードしていく推進力が、人間主義でありましょう」と論じた。

さらに、近代中国革命の父・孫文の「物質の力は小さく、精神の力は大」、唐代の大医学者・孫思邈《そんしばく》の「わが身を惜しまず庶民を救済せよ」、近代の大教育家・蔡元培の「人類文化への責任感を育むのが教育」、大文豪・魯迅の「すべてのものが私と繋がっている」などの言辞を引用しながら多彩な論点を展開し、「人間主義の復興とは、一人一人の人間が、いわゆる『小我』から『大我』へと自身の境涯を広げ、その『小我』と『大我』とが和合し、人類全体が『万邦協和』、『大同世界』の境地へと再生しゆくことといってもよいでありましょう」と結んだ。

開幕式では、北京師範大学教育管理学院の名誉院長で中国教育学会の顧明遠会長が挨拶をした。顧会長は、「池田思想の核心には人類や平和に対する慈愛の心がある」、そして「その慈愛を青年に注ぎ続けている」とし、「池田思想を研究していくことは、必ずや人類を幸福に導いていくことになる」と語った。

その後、「人間主義」「平和主義」「文化主義」「教育主義」の各セッションに分かれて議論が行われた。今後の展望について、参加者からは「池田思想の研究を多面的に深めるため、分野別にテーマを絞って研究会を開催すべき」「これまでは池田思想の研究を中心としてきたが、今後は池田先生の行動、実践についても研究を深めていくべき」などの発言があった。

私は、「池田大作の平和思想と行動」と題する論文を発表した。そして議論の際には、人間主義に対する私見や、人間主義の中国語表現などについての見解を述べた。

上海師範大学のシンポジウム

第7回池田大作思想国際学術シンポジウムは、2012年10月27、28日に上海師範大学で開催された。日中国交正常化40周年記念のシンポジウムでもあった。テーマは「多元文化の融合下における現代教育」で、池田先生の文化主義と教育主義を軸に、現代社会における多元文化の融合と教育を主眼とした。

シンポジウムには、43の大学・研究機関の約100名の研究者らが出席し、72本の研究論文が寄せられた。アメリカや日本からの参加者の姿もあった。

池田先生はメッセージの中で、今回のシンポジウムのテーマに関して三つの視点から論究した。

第1に、多元文化の融合について「青年の創造性」を薫発する力としていく重要性を指摘した。

第2に、人類は英知を結集し、山積する地球的問題群に力を合わせて挑んでいくべき段階に入っていると語った。

第3に、多元文化の融合を通じて、永遠友好の金の橋を継承していくことを念願した。

そして、「世界の青年と共に、新たな平和の文化の創造へ、命の限り行動を貫いていきたい」と結んだ。

開幕式で上海師範大学の陸建非《りくけんぴ》党書記は、「池田先生の思想には、普遍性の輝きがあります。それは、中国の教育者・陶行知《とうこうち》の思想とも深く共鳴するものです。文化融合の鍵がここにある。今回のシンポジウムのテーマは、教育界に広く共感を呼ぶものとなるでしょう」と述べ、上海師範大学の張民選《ちょうみんせん》学長らが挨拶をした。

続いて、創価大学の山本英夫学長、上海師範大学の陸党書記、中国社会科学院近代史研究所の歩平《ほへい》所長が登壇して基調講演を行った。

陸党書記はシンポジウムのテーマをめぐり、池田先生の「国際教育観」を考察した。中国の現代教育の発展は多元文化の影響を受けて、グローバルな文化構造、政治構造の枠組みにおかれていると指摘し、多元文化にあって必要とされるのは「交流」と「融合」であると述べた。

歩所長は「国境を超える歴史認識と東アジアの『共生のエートス』(道徳的気

第7回シンポジウム（2012年10月27・28日、上海師範大学）

風）」をテーマに講演。1992年に池田先生が中国社会科学院で行った講演「21世紀と東アジア文明」に言及し、池田先生が唱える「共生のエートス」の哲学をもとに東アジアの未来と方向性について述べた。

私は、「日中国交正常化提言再考——日中国交正常化40周年記念」と題する論文を発表した。その後、創価大学『創価教育』誌第5号に、「日中関係における画期的な提言——日中国交正常化40周年を記念して」と題する論文を寄稿した。

閉幕式では、各分科会の代表から総括の報告がなされた。上海師範大学人文・メディア学部の蘇智良《そちりょう》学部長が全体の総括を行った。

蘇教授は「慰安婦問題」の研究で有名であるが、池田先生の反戦平和の思想を高く評価し、上海師範大学の「池田思想」研究にも携わっている。

その後、私は創価大学の認可を得て、上海師範大学の夏広興《かこうこう》准教授と共同作業を行い、第7回シンポジウムに寄せられた論文を編集し、『多元文化交融下的現代教育研究』と題する論文集を出版した。

また、これ以後の全国規模のシンポジウムは、2年おきに開催することが決定した。

陝西師範大学のシンポジウム

第8回池田大作思想国際学術シンポジウムは、２０１４年10月18日と19日に西安の陝西師範大学で開催された。

西安はかつて、世界を結ぶシルクロードの起点の一つとして栄華を極めた。シルクロードゆかりの地にある陝西師範大学は、中国教育界の名門である。

シンポジウムのテーマは、「『精神のシルクロード』で開く新時代」だった。池田

第8回シンポジウム（2014 年 10 月 18・19 日、陝西師範大学）

先生の「精神のシルクロード」論を軸に、中日両国さらに国際社会の民衆の心のつながり、相互信頼を実現する方途を考察することを主眼にしたのである。

43の大学・研究機関の107名の研究者が出席し、78本の研究論文が寄せられた。

開幕式の会場となった校舎のロビーでは、池田先生の思想と行動を紹介したパネル展示が催され、参加者たちが熱心に見入っていた。

開会の挨拶に立った陝西師範大学の趙《ちょう》世《せ》超《ちょう》元学長は、池田先生の初訪中から40周年の佳節に、西安でシンポジウムを開催できた喜びを満面の笑みで語った。

私は創価大学の教授として、池田先生のメ

ッセージを中国語で代読した。メッセージの中で池田先生は、1974年6月の初訪中の際、西安を訪れたことに言及し、その後の1年間は「平和探求の旅を重ねました。その間断のない対話の流れの中、私はモスクワ大学での講演に臨み、『世界市民の心と心に燦然と輝く〝精神のシルクロード〟の確立を』と呼びかけたのであります」と述べ、さらに、いま再び「私はシルクロードの原点の地・西安に立って、新たな一歩を踏み出す思いであります」と記した。そして「文化の和合」「女性の交流」「教育の連帯」という三つの視点について論じ、「私も先生方とご一緒に、未来永遠に世界市民が心を通わせゆく『精神のシルクロード』を、力の限り、開き続けていく決心であります」と結んだ。

その後、創価大学の馬場善久学長と陝西師範大学の周偉洲《しゅういしゅう》教授が基調講演を行った。周教授はシルクロードの歴史と変遷を学術的に分析した上で、「池田先生が唱えた『精神のシルクロード』こそ、現代社会に重要な概念であり、中国が目指すべき道です」と述べた。

閉幕式では、陝西師範大学の蕭正洪《しょうせいこう》副学長が、「今回、テーマに『精神のシルクロード』と掲げたのは、時代や国境、狭い視野や理解を超えて、人々の絆を結んでいくためです。私たちが知恵を出し合い、新たな精神のシルクロードを築いていかなければなりません」と熱を込めて語った。

私は、「精神のシルクロードの思想と実践」と題する論文を発表した。その後、大学の認可を得て、陝西師範大学の拝根興《はいこんこう》教授と共同作業を行い、第8回シンポジウムの発表論文を編集し、『開創精神絲綢之路的新紀元』と題する論文集として出版した。

南開大学のシンポジウム

第9回池田大作思想国際学術シンポジウムは、2016年10月22日と23日に天津の南開大学の新キャンパスで開催された。

南開大学は周恩来総理の母校で、中国の重点総合大学の一つに指定され、多くの英才を輩出してきた名門大学である。2015年9月、天津市郊外に南開大学新キャンパスがオープンした。南門から入ると、すぐ目に飛びこんできたのは、新築の図書館の前庭に堂々と立つ周総理の銅像だった。

「民間外交と文明の融合」というシンポジウムのテーマは、周総理が提唱された「民間外交」思想、さらに池田先生が実践された日中民間外交を視野に、池田先生の人間主義と文明融合論を軸に、日中両国の民間外交及び人類文明の構築を考えて設定したものである。これには、50大学・研究機関から140名の研究者が出席し、78本の研究論文が寄せられた。

池田先生が寄せたメッセージを、私が中国語で代読した。その中で池田先生は、「今回のシンポジウムは、地球社会の新たな未来を最高峰の知性の光で照らし輝かせゆく、誠に意義深い集いであります」と述べ、周総理の「民を以って官を促す」という民間外交の理念に言及し、その民間外交の哲学について所感を語った。

そこでは、「①一人を大切にする『誠実の心』が民間外交の根本、②『人間』という共通の大地に立った交流と対話の重要性、③『生命の尊厳』に立脚した『開かれた文明対話』の重要性」という三つの視点が挙げられていた。そして、南開大学の「周池会」をはじめ中国各大学の池田思想読書会の学生団体の発展に触れ、「周

第9回シンポジウム（2016年10月22・23日、南開大学）

総理の精神を受け継がれる、若き俊英の皆様方が、日本、さらに世界の青年たちと、共に手を携え、平和と友好の永遠の『金の橋』を、一層盤石に築きゆかれますことを、心から願ってやみません」と結んだ。

開幕式では、主催者を代表して南開大学の張《ちょう》力《りき》学長補佐、創価大学の神立孝一副学長補が挨拶した。続いて、中日友好協会の王《おう》秀雲《しゅううん》副会長が、中国人民対外友好協会の李《り》小林《しょうりん》会長のメッセージを紹介した。その中で、李会長は「両国の民間交流のさらなる持続のため、知恵を出し合い、より良い道の探求を」と呼びかけた。

基調報告では、創価大学の馬場善久学長、

著名な周恩来研究者で周恩来思想生涯研究会の廖心文《りょうしんぶん》名誉会長、広東省社会科学院元副院長で広東池田大作研究会の温憲元《おんけんげん》副会長が登壇した。私は、「池田先生の文明論と文明の融合」と題する論文を発表した。

キャンパスでは「自然との対話——池田大作写真展」が開催され、シンポジウムの参加者や多くの南開大学の学生・教職員らが鑑賞した。

復旦大学のシンポジウム

第10回池田大作思想国際学術シンポジウムは、２０１８年10月27日・28日に上海の復旦大学で開催された。これは、「日中平和友好条約」締結40周年及び池田先生の「日中国交正常化提言」発表50周年を記念したものでもあった。

中国の名門学府・復旦大学は、池田先生とは１９７５年の訪問以来、さまざまな形で交流を続けて来た。私にとっては、学び舎であり、教壇に立った母校である。したがって、このシンポジウムは従来に増して思い入れが深かった。

テーマは「人類運命共同体のビジョンと実践」である。これは、池田先生の人類共生思想を軸に、習近平国家主席が提唱した「人類運命共同体」理念と21世紀の人類社会の発展を考えて設定したものだった。

第10回は、十数年間にわたるシンポジウムで、最大の規模、最高のレベル、最多の成果という目標を実現した。国内外の53大学・研究機関から約160人の研究者が出席し、約80本の研究論文が寄せられた。

池田先生のメッセージを、私が中国語で代読した。その中で池田先生は、地球規模の課題が深刻化する現代社会において、今回のシンポジウムのテーマは、まさに核心を突いていると強調した。そして、人類運命共同体の意識を高め、定着させるための鍵として、「人間教育の拡充」「世界市民の交流」「青年の人間革命の連帯」の3点にわたって論じた。さらに、50年前の国交正常化提言について述懐しつつ、「平和と日中友好の信念を若き世界市民が受け継ぐことを信じたい」と結んだ。

開幕式では、復旦大学の陳志敏《ちんしびん》副学長、創価大学の田代康則理事長が挨拶をした。陳副学長は、中日平和友好条約締結40周年、池田先生の日中国交正常化提言50周年の節目に主催大学を務める喜びを語り、両国関係のさらなる発展に寄与する集いにと期

第10回シンポジウム（2018年10月27・28日、復旦大学）

待を語った。田代理事長は、シンポジウムの歩みを振り返り、延べ１０００人が参加し、約５５０本の論文が寄せられたと報告をした。

続いて、中国社会科学院日本研究所の劉玉広《りゅうぎょくこう》党書記の挨拶の後、中日友好協会の許金平《きょきんぺい》副会長が、中国人民対外友好協会の李小林会長の祝辞を紹介した。その中で李会長は、池田先生の国交正常化提言と中日友好への貢献を改めて賞賛し、中日関係を再び正常な発展の軌道へと期待を寄せた。

ちなみに中日友好協会の許副会

長は、中国政府が創価大学に派遣した初の国費留学生6名のうちの一人である。ここにも、深き「創価の縁」があった。

　特別記念講演では、中国人民政治協商会議外事委員会の趙啓正《ちょうけいせい》主任、創価大学の馬場善久学長が登壇した。趙主任は、中日共同の民間意識調査で、日本に対する中国の好感度が上昇したことに言及し、「『見えない心の壁』を取り払うには、弛まぬ努力が必要であり、中日友好の促進に尽力した先人たちの努力を忘れてはならない」と強調した。そして創価大学、創価学会の中日交流の実績を讃えつつ、「中日の信頼醸成は時代の要請である」と語った。

続いて行われた基調講演で、上海市政治協商会議の王栄華《おうえいか》元副主席が、「近年の両国関係の緊張は、意思疎通の不足が一因である」と指摘し、さらに「多様なレベルで対話をしていく必要がある」と述べた。復旦大学池田大作思想研究センターの牧野長生副理事長に続いて登壇した北京大学の賈蕙萱《かけいけん》教授は、「人間革命の思想と実践についての調査結果」を報告した。私は、「新時代中日関係の重要な啓発――池田大作中日友好範例研究」と題する論文を発表した。

わが故郷・上海、そして母校・復旦大学でシンポジウムを開催することは、私にとって人生の一大慶事であった。開催の2年前から私は実行委員として、復旦大学の胡令遠《これいえん》教授と数十回にわたって連絡を取り合い、シンポジウムのテーマや開催のスケジュールなどについて相談をしてきた。その労苦が報われ大成功で幕を閉じた時、「汪先生は『錦を飾って里帰り』ができましたね」と創価大学の田代理事長に声をかけられ、胸が熱くなった。

シンポジウムの後、創価大学の認可を得て、私と復旦大学の胡令遠教授との共同作業で、『人類運命共同体的願景与実践』と題する論文集を世界知識出版社から刊行した。この論文集では、中華日本学会編集出版部主任の林昶《りんちょう》教授に特別編集委員となっていただいた。

※

第11回池田大作思想国際学術シンポジウムは、2020年の錦秋に創価大学で開催される予定だった。しかし、コロナ禍のため1年間の延期となり、2021年10月23日と24日にオンライン形態での開催を予定している。

中国各地域の「池田思想」研究の進展

全国規模の池田大作思想国際学術シンポジウムと併行して、中国の各地域では「池田思想」研究機関による中小規模のシンポジウムが多数、開催されてきた。同機関は、44大学・学術機関にのぼる(2021年8月時点)。

以下に、各地域の「池田思想」研究機関の進展状況の一部をご紹介する。

【中国東部】

「池田思想」研究機関は、復旦大学、華東師範大学、上海師範大学、上海杉達学院に設立されている。復旦大学、上海師範大学、上海杉達学院については前述しているので、ここでは華東師範大学を特記する。

華東師範大学は「新中国初の師範大学」として1951年に開学し、国家重点大学に指定されている。「北の北京師範大学、南の華東師範大学」と称される、中国教育界の名門である。

2006年5月、中日友好と教育への貢献を称え、池田先生に名誉教授称号を贈った。当時来日し、池田先生に名誉教授証書を手渡したのが、羅国振《らこくしん》副学長だった。

2013年11月29日、華東師範大学に「池田大作社会教育研究センター」が設立された。開所式には、華東師範大学の朱自強《しゅじきょう》副学長らが出席した。私は、池田先生のメッセージを代読した。そこでは、「『幸福を勝ち取る力』『社会に貢献する力』そして『価値を創造しゆく力』を鍛え育む聖業こそ、教育であります」と強調されていた。

研究センター長に就任したのは、羅国振・校務委員会副主任である。羅副主任は、「池田先生にお会いし、慈悲深く学識豊かな方であると実感しました」「あの時、池田研究センターを設立することこそ、私の責務であると心に決めたのである」などと語った。

羅副主任は2014年に創価大学に2か月間滞在し、その成果を「池田思想」研究に反映させた。

【中国南部】

中国南部で設立された「池田思想」研究機関の第1号は、肇慶《ちょうけい》学院池田大作研究所（2004年）である。

「池田思想」研究機関の中心的存在になってきたのが、「広東池田大作研究会」である。2008年5月、広東省社会科学院の梁桂全《りょうけいぜん》院長を会長、温憲元副院長を副会長として発足した。

この研究会と同時に華南師範大学に「池田大作先生教育思想研究所」が設立され、以後、韶関《しょうかん》学院（2008年）、広東外語外貿大学（2009年）、嘉応《かおう》学院（20

09年)、仲愷《ちゅうがい》農業工程学院(2010年)、佛山《ぶっさん》科学技術学院(2014年)、中山大学南方学院(2016年、現在は広州南方学院に改称)と、「池田思想」研究機関は広東省内で年々、広がりを見せてきた。

以下に、私が参加をしたシンポジウムの概略を記す。

※

2008年5月(21、22日)、華南師範大学と広東省社会科学院との共催で、「池田大作思想学術シンポジウム」が行われた。テーマは「平和的発展における文化と教育」で、約70名の関係者が出席し、23の研究論文が発表された。

池田先生がメッセージを寄せ、「文化・教育は変革の力」「多様性と共生こそ平和的発展の基盤」と述べた。

シンポジウムでは、池田先生の文化・教育思想をめぐって活発な議論がなされた。華南師範大学の王国健《おうこくけん》学長は、「人間を根本とする」創価教育を称えた。広東省社会科学院の梁桂全院長は、池田思想は「世界が平和と進歩、幸福へと向かう道で大きな役割を果たしています」と評価をした。私は、「和諧世界構築の重要な啓発

——池田大作平和思想と実践」と題する論文を発表した。「和諧」とは、中国語で「調和」を意味する。

なお、シンポジウムの際に、広東省社会科学院の「広東池田大作研究会」と華南師範大学の「池田大作先生教育思想研究所」の銘板除幕式が行われた。

※

2012年3月（24、25日）、韶関学院と広東省社会科学院の共催で「池田大作思想学術シンポジウム」が行われた。

テーマは、「21世紀の生命尊厳を目指して」である。開幕式には、研究者や来賓をはじめ約300人が出席した。池田先生はメッセージの中で、「調和と共生の地球社会を築くために生命尊厳の思想に立ち返るべきだ」と訴えた。

主催者挨拶で、韶関学院の曽峥《そうそう》党書記は「池田先生の生命尊厳思想は『人類の平和につながる卓見である』」と称え、広東省社会科学院の梁桂全院長は「池田思想は『精神の危機を打開する方途』『現代人類文明の燈台』」と力説した。

私は、「池田大作生命尊厳の思想と実践」と題する論文を発表した。

※

2013年11月23日、仲愷農業工程学院と広東省社会科学院の共催で「池田大作思想学術シンポジウム」が開かれた。テーマは「21世紀の生態文明に向かって」で、21の大学・学術機関から50人の研究者が参加し、多角的な討論が行われた。池田先生がメッセージを寄せ、「『生態文明の建設』は、世界全体で等しく追求されるべき優先課題」とし、「環境教育」と「環境分野の国際協力」の必要性を訴えた。

主催者を代表して、広東省社会科学院の温憲元副院長、仲愷農業工程学院の高岳《こうがく》侖《りん》副党書記が挨拶した。私は、「池田大作 生態文明の思想と実践」と題する論文を発表した。

※

2017年5月27日、中山大学南方学院(当時)、広東省社会科学院、創価大学の共催で「池田大作思想学術シンポジウム」が行われた。テーマは「平和・分かち合い、行動」で、15本の論文が寄せられ、活発な議論が交わされた。

創価大学の神立孝一副学長が、池田先生のメッセージを紹介した。それには、「人類の平和という悲願を皆で分かち合い、『教育のための地球社会』という未来へ、さらに力強く行動していきたい」と記されていた。

主催者を代表して、広東省社会科学院の周薇《しゅうび》副院長、中山大学南方学院の喩世友《ゆせゆう》院長が挨拶した。私は、「池田平和思想及びその国際関係に対する影響」と題する論文を発表した。

※

2017年11月18日、佛山科学技術学院と創価大学の共催で「池田大作思想学術シンポジウム」が行われた。テーマは「平和・人間主義・創価」で、開幕式には同学院の曽峥党書記、郝志峰《ほうしほう》学長をはじめ来賓や教職員・学生代表約150人が出席した。

池田先生はメッセージの中で、「『佛山』――『佛の山』とは、何と素晴らしい地名でありましょうか。私には『佛』の智慧が『山』の如く積まれゆく天地とも思われてならないのであります」と述べた。

挨拶に立った曽党書記は、「池田先生の教育思想は、学生のみならず教職員、そして全人類への深い愛に裏打ちされています」と語った。曽党書記は、肇慶学院党書記に在任中の２００３年、同学院の名誉教授称号を池田先生に贈るために来日し、初めてお会いした池田先生の人格や思想に魅了された。帰国後、赴任先の肇慶学院、韶関学院、佛山科学技術学院で、相次いで「池田思想研究所」の設立に尽力した。

私は、このシンポジウムで「池田思想に関する若干思考」と題する論文を発表した。

【中国東北部】

「池田思想」研究が著しい発展を遂げているのが、大連地域である。その重要な役割を果たしてきた大連中日教育文化交流協会の先導で、遼寧師範大学（２００６年）、大連工業大学（２０１１年）、大連芸術学院（２０１３年）、大連外国語大学（２０１７年）、大連海事大学（２０１９年）などで「池田思想」研究機関が設立された。同協会の初代会長は大連市の趙亜平元副市長、２代会長は大連工業大学の余《よ》加祐《かゆう》学長、現会長は大連工業大学外国語学院長の劉愛君《りゅうあいくん》教授が兼任している。協会のネットワークによって、大連市の各大学では池田思想シンポジウム、池田思想学術交流会、池田思想読書会など、さまざまな形で「池田思想」の研究活動が行われている。

大連工業大学は、2009年10月25日、池田先生に名誉教授称号を贈った。同大学で行われた授与式で、私は池田先生の謝辞を中国語で代読した。その後、大連工業大学は「池田大作思想研究所」を設立し、劉愛君所長の指導のもとで「池田思想読書会」などを継続的に開催し、「池田思想」研究の持続的発展を図っている。

2020年11月18日、大連で創価学会創立90周年を記念する「『池田大作教育思想研究と実践』学術シンポジウム」が開催された。コロナ禍中で行われたこのシンポジウムには、大連市をはじめ中国各地の研究者や学生ら200人がオンライン参加をした。

大連中日教育文化交流協会と大連工業大学外国語学院との共催で行われたシンポジウムには、池田先生がメッセージを寄せた。

メッセージの中で、池田先生は「46年前の12月、周恩来総理との会見の折に、周総理が『全世界の人びとが、お互いに平等な立場で助け合い、努力することが必要です』と語っていた」ことを述懐し、「世界中がコロナ禍という未聞の試練に直面する時だからこそ、周総理の心を皆が受け継ぎ、あらゆる差異を超えた『平和』と『共存共栄』の世界の実現に向けて、友好交流の歩みをさらに進めていきたい」と呼びかけた。

挨拶、祝辞の後、7名の研究者が、それぞれの専門的知見から論文を発表した。私はこのシンポジウムの総括を担当し、中国における池田思想研究の展望について私見を述べた。

また長春では、東北師範大学が2007年に「池田大作哲学研究所」を設立し、初代所長・韓東育《かんとういく》教授は、副学長に昇進後も「池田思想」研究を続けている。長春師範大学は2019年に「池田大作文化研究所」を設立し、積極的に「池田思想」研究を推進している。そして共同で「池田思想シンポジウム」を開催した。

「池田思想」研究の主要メンバー

前述のように、中国における「池田思想」研究が大発展を遂げた背景には、多くの力の結集と支えがあった。中でも、研究の牽引力となり、全国規模の「池田大作思想国際学術シンポジウム」の開催に貢献したのが、以下に紹介する方々である。

【北京大学】

中国において、最初に研究に取り組んだのは、北京大学の先生方である。その一人の賈蕙萱教授は、北京大学を卒業後、中日友好協会での長期勤務を経て、1988年に北京大学に戻って日本研究センターの設立準備に携わった。副センター長だった2000年、創価大学での研究滞在を経験した。帰国後、北京大学日本センター内に「池田大作研究会」を設立し、初代会長となった（2001年12月18日）。

中国第1号の「池田思想」研究機関として、この研究会を設立した当初、「中国を代表する北京大学が、なぜ日本の一個人の研究をしなければならないのか」といった、反対を含むさまざまな声があったという。しかし仲間の支持を得て、阻害を乗り越え、研究を始めた。賈教授にとって大きな支えになったのは、北京大学の王学珍・元党書記だった。

王先生は党書記在任中に、北京大学の池田先生への名誉教授称号の授与（1984年6月）に尽力した一人である。そうした経緯もあって、「池田大作研究会」の設立を熱烈支持した。王先生には、創価大学北京事務所の設立時（2006年3月）、名誉所長に就任していただいた。

賈教授の後任として「池田大作研究会」の会長となったのは、北京大学歴史学部の宋成有教授である。宋教授は、私が交換教員として創価大学に滞在した頃からの旧友だった。

中日関係史研究などの分野で優れた研究業績を上げただけでなく、「池田思想」研究においても業績を上げ、北京大学の「池田大作研究会」の発展に尽力している。


【華中師範大学】

華中師範大学のシンポジウムの開催には、元学長の章開沅教授が重要な影響を与えた。章教授は中国近代史研究の大家で、池田先生と行った対談の日本語版は『人間勝利の春秋——歴史と人生と教育を語る』という表題の対談集として、2010

年10月に第三文明社から刊行された。

章教授の弟子・馬敏教授は、華中師範大学学長在任中にシンポジウムの開催を決め、関係部局に開催準備を指示した。開催準備の実務を担当したのは、宣伝（広報）部長の陳鋒教授と外国語学院副院長の李俄憲《りがけん》教授である。李教授は日本語が堪能で、池田先生の文学思想を研究し、中国日本語教育研究会の副会長、華中師範大学池田大作研究所副所長（現在は所長）を兼任し、陳鋒教授とともに第2回シンポジウムの成功に尽力した。

【湖南師範大学】

湖南師範大学には、中国初の「池田思想」研究論文で博士号を取得した、冉毅《ぜんぎ》教授がいる。冉教授は日本語が流暢で、博士論文のテーマは「池田大作の『人間学』」だった。この博士論文は、2005年5月に『人間革命——池田大作「人間学」思想研究』と題する研究書として、四川人民出版社から出版された。

冉教授は湖南師範大学国際交流処長、日本語学科長、池田大作研究所副所長だった時に、シンポジウムを開催するため積極的に大学指導部に働きかけた。その結果、大学指導部や道徳文化研究センター所長・中国倫理学会の唐徳麟副会長などの支持を得て、第3回シンポジウムを順調に開催することができた。

【北京師範大学】

北京師範大学で行われた第4回シンポジウムの成功には、中国教育学会会長の顧明遠教授と比較教育研究所の高益民《こうえきみん》教授などの尽力があった。

顧教授は北京師範大学の元副学長で、中国教育学界の代表的な学者である。シンポジウム後に、顧教授と池田先生の対談が行われた。対談の日本語版は『平和の架け橋　人間教育を語る』という表題の対談集として、2010年10月に東洋哲学研究所から刊行された。

また、高教授は比較教育研究が専門で、池田先生の教育思想に共鳴し、積極的にシンポジウムの開催準備に取り組んだ。その後、シンポジウムの論文を編集し、『平和与教育』という論文集を出版した。

【遼寧師範大学】

遼寧師範大学の「池田思想」研究には、曲慶彪学長と崔学森准教授が大きな役割を果たした。

曲学長は訪日の際に、池田先生とお会いしたことをきっかけに、「池田思想」研究に熱心に取り組み、遼寧師範大学でシンポジウムを開催することを決めた。崔准教授は曲学長の指示を受けて、開催準備に積極的に取り組んだ。第5回シンポジウムの後、崔准教授は北京大学の歴史学部で博士号を取得し、大連外国語大学に転勤し、同大学で「池田大作研究所」を立ち上げた。

【中山大学】

中山大学の「池田思想」研究を積極的に推進したのは、教育学院長の鍾明華《しょうめいか》教授と王麗栄《おうれいえい》教授である。そして、その活動を支持して第6回シンポジウムを成功に導いた、中山大学党副書記李萍教授の存在も忘れてはなるまい。

王教授は「池田思想」をよく理解し、研究にとても熱心で、「池田徳育思想の研究」というテーマで中国教育部の研究プロジェクトの助成を受け、『池田大作徳育理論及実践』と題する研究書を出版した。

【上海師範大学】

2012年9月、中日関係が悪化した。野田佳彦内閣が釣魚島（尖閣諸島）の「国有化」を宣告（11日）したため、中国政府は猛反発し、強い反撃措置を実施した。中国国内では、大規模な反日デモが発生し、中日関係は国交正常化以降において最も困難な状態に陥っていた。

当時、中国各地では中日交流のイベントはほぼキャンセルされた。10月（27、28日）に予定されていた第7回シンポジウムも開催が危ぶまれていた。

この時、立ち上がったのが、上海師範大学の陸建非党書記だった。

陸党書記は、副学長の時に創価大学を訪問し、上海師範大学を代表して池田先生に終身名誉教授称号を贈った（2007年）。「池田思想」の良き理解者で、池田先生を尊敬していた。そのため、北京サミット開催（2011年）の際、陸党書記は自ら第7回シンポジウムの開催校として立候補したのである。

陸党書記は、この困難期だからこそ中日友好のために、シンポジウムを成功させなければならないと考えた。上海市政府に開催の特別報告書を出して、上海師範大学内部の反対の声を抑えた。その結果、予定通りシンポジウム開催の決定が下った。陸党書記の強力な支持のもと、上海師範大学国際交流処の夏広興副処長は、シンポジウム開催の実行責任者として積極的に準備を進めた。

中日対立の非常事態にもかかわらず、第7回シンポジウムを成功裡に開催できたことは、中日関係史においても有意義な出来事だったと言えよう。

【陝西師範大学】

陝西師範大学の「池田思想」研究の中心的推進者となったのは、歴史文化学院の拝根興教授である。拝教授は歴史学研究者として、歴史学の視点から「池田思想」の研究に取り組んでいた。また、拝教授は「池田大作・池田香峯子研究センター」のセンター長を兼任し、副センター長を外国語学院の曹婷《そうてい》准教授が兼任していた。

第8回シンポジウムは、趙世超元学長と簫正洪副学長の支持のもとで拝教授らの先生方が開催準備をし、成功に導いたのである。

【南開大学】

南開大学では、マルクス主義学院元院長の紀亜光《きあこう》教授の支持を得て、学生団体

「南開大学周恩来・池田大作研究会（周池会）」が設立されて以来、積極的に「池田思想」の研究活動が推進されてきた。
第9回シンポジウムは、南開大学の先生方、特に若手教員及び院生・学生の役割が大きかった。実は、シンポジウム開催の直前に、紀教授が中共中央宣伝部の重要任務で出張してしまった。シンポジウムは大丈夫かと心配する声が上がったが、マルクス主義学院の馬亜男《ばあなん》副党書記をはじめ「周池会」の指導教員の袁婧《えんせい》、鄭文娟《ていぶんけん》などの若手教員及び院生・学生が、周到に準備をし、シンポジウムを円満に終えることができた。

【復旦大学】

私の母校・復旦大学の「池田思想」研究の第一人者といえば、池田大作思想研究センター長の胡令遠教授だろう。胡教授は復旦大学日本研究センター長を担当し、中華日本学会の副会長を兼任し、中国の著名な日本研究者である。2006年に創価大学に研究滞在したことをきっかけに、「池田思想」の良き理解者となった。2013年11月、復旦大学で「池田大作思想研究センター」を立ち上げ、「池田読書会」を主催し、「池田思想」研究を推進してきた。

胡教授の働きかけによって、上海市教育基金会理事長・上海市政治協商会議元副主席・復旦大学元副党書記の王栄華教授は、復旦大学池田大作思想研究センターの理事長に就任した。さらに王教授の働きかけで、中国政治協商会議外事委員会主任の趙啓正中国国務院新聞弁公室元主任（大臣クラス）が、第10回シンポジウムで基調講演を行った。

このシンポジウムの開催に最も貢献したのが胡教授であるのは、衆目の一致するところだろう。

※

「池田思想」研究の推進者は他にも多数いるが、二人だけ追記しておきたい。

大連工業大学外国語学院院長の劉愛君教授は、日本語が堪能で、中日文化の比較研究を専門とし、「池田思想」の研究に熱心に取り組んできた。大連地域の五大学の池田思想研究機構の研究交流活動において、劉教授は重要な役割を果たしている。研究仲間たちは、敬意を込めて劉教授を「大連地域の婦人部長」と呼んでいるという。

厦門《アモイ》大学の黄順力《こうじゅんりき》教授は、中国近代史研究の著名な学者である。第1回シンポジウムから第10回シンポジウムまでのすべてに参加し、毎回論文を発表し、池田思想研究においても優れた業績を残した。また、「厦門大学池田大作思想研究センター」の設立（2019年）にも尽力した。

若手研究者の輩出

いま中国の「池田思想」研究は、未来志向を強めている。新しい動きとして、各大学では「池田思想」に関心を寄せる若手教員、大学院生、大学生が増えつつある。特筆すべきは、学生団体の増加である。

学生団体の第1号は南開大学の「周恩来・池田大作研究会（周池会）」で、これ以後、多くの大学で学生団体が設立された。復旦大学池田思想読書会、湖南大学池田思想読書会、遼寧師範大学東方思想読書会、大連工業大学池田思想読書会、大連外国語大学池田思想読書会、大連芸術学院池田思想読書会、仲愷農業工程学院、廖《りょう》

承志《しょうし》・池田大作研究会、長春工業大学創価精神研究会などである。

また若手研究者が、「池田思想」の研究分野において優れた業績を上げている。大連海事大学外国語学院の陶金《とうきん》准教授はその一人である。

２０１２年、中国中央民族大学宗教学専攻の博士コースに進み、池田先生の対話思想をテーマとする博士論文を書くために、２０１４年に創価大学に留学し１年間滞在した。帰国後、「池田思想」に関する博士論文を提出し、博士号を取得した。これは中国における第2号の「池田思想研究」の博士論文となった。さらに、北京市の各大学の博士論文の中で優秀博士論文に選ばれ、その後、加筆して『会通与互鑑　池田大作文明対話思想研究』という立派な学術研究著作として出版された。

現在、陶教授は大連海事大学外国語学院日本語学科長になり、池田大作研究センターの副センター長を兼任している。

南京理工大学の張楠《ちょうなん》准教授も、若手研究者の一人である。張准教授は創価大学文学部で文学博士号を取得してから帰国し、南京理工大学に就職し、間もなく外国語学院日本語学科長に任命された。

張准教授の働きかけで、２０１４年10月17日、南京理工大学が池田先生に名誉教授称号を贈った。同時に、「池田大作思想研究所」が設立され、張准教授は副所長を兼任した。この数年間、張准教授は日中文化比較研究に取り組みながら、積極的に「池田思想」研究も行い、良い論文を発表した。また、学生団体の「池田思想読書会」の指導にも力を入れている。２０２０年に寧波大学の教授として転任されてからは、同大学の「池田思想」研究を推進しようとしている。

厦門大学には、賈凱《かがい》准教授がいる。南開大学で博士号を取得後、厦門大学に就職した。南開大学在学中、学生団体「周恩来・池田大作研究会（周池会）」のメンバーとして、「池田思想」の学習と研究に取り組み、業績を上げていた。厦門大学では、「池田大作思想研究センター」の設立に重要な役割を果たした。２０１９年、創価大学の日中友好学術研究助成を受け、同年9月に来日し、翌年3月まで創価大学に研究滞在した。その間、池田先生の『ＳＧＩ記念提言』を中心に「池田思想」研究に取り組み、素晴らしい研究成果を上げげた。

最後にもう一人挙げるとすれば、大連海事大学の洪剛《こうごう》准教授である。前任の大連海洋大学勤務中の2006年から「池田思想」の研究を始め、創価大学日中友好学術研究助成を受け、2018年10月に来日して創価大学に2か月間滞在し、「池田思想」に関する研究成果を上げた。2019年に大連海事大学に転勤後、積極的に大学指導部に働きかけ、「大連海事大学池田大作研究センター」を設立し、センター長に就任した。

※

中国には現在、約2600の大学があり、そこで学ぶ大学生・大学院生はおよそ4000万人ともいわれる。その数字から見れば、中国における「池田思想」の研究機関や研究者の数はまだ少ないかも知れない。しかし、数より質である。

それは、前述のように中国の一流学府がこぞって「池田思想」を高く評価し、研究対象にしているという事実が示すところでもある。

「水は高きより低きに流れ」という言葉があるが、北京大学をはじめ中国最高峰の学府が「池田思想」研究に取り組んできたことは、「池田思想」が中国各地の大学へと拡大していく必然的な流れの源になったといっても過言ではないだろう。

［資料］

中国の「池田大作研究」機関一覧

1 北京大学
池田大作研究会
（北京市 2001年12月）

2 湖南師範大学
池田大作研究所
（湖南省長沙市 2002年1月）

3 安徽大学
池田大作研究会
（安徽省合肥市 2003年4月）

4 肇慶学院
池田大作研究所
（広東省肇慶市 2004年3月）

5 上海杉達学院
池田大作教育思想研究センター
（上海市 2004年8月）

6 中山大学
池田大作とアジア教育研究センター
（広東省広州市 2005年5月）

7 華中師範大学
池田大作研究所
（湖北省武漢市 2005年6月）

8 遼寧師範大学
池田大作平和文化研究所
（遼寧省大連市 2005年12月）

9 北京連合大学旅遊学院
池田大作時習会
（北京市 2006年7月）

10 武漢大学
池田大作研究所
（湖北省武漢市 2006年10月）

11 湖南大学
池田大作研究センター
（湖南省長沙市　2006年10月）

12 広西師範大学
池田大作教育思想研究所
（広西省桂林市　2006年12月）

13 東北師範大学
池田大作哲学研究所
（吉林省長春市　2007年5月）

14 広東省社会科学院
広東池田大作研究会
（広東省広州市　2008年5月）

15 華南師範大学
池田大作先生教育思想研究所
（広東省広州市　2008年5月）

16 陝西師範大学
池田大作・池田香峯子研究センター
（陝西省西安市　2008年8月）

17 韶関学院
池田大作思想研究所
（広東省韶関市　2008年11月）

---

18 広東外語外貿大学
池田大作思想研究所
（広東省広州市　2009年1月）

19 嘉応学院
池田大作文化哲学研究所
（広東省嘉応市　2009年1月）

20 上海師範大学
池田大作思想研究センター
（上海市　2009年10月）

21 仲愷農業工程学院
廖承志・池田大作研究センター
（広東省広州市　2010年11月）

22 西安培華学院
池田大作・香峯子研究センター
（陝西省西安市　2011年9月）

23 大連工業大学
池田大作思想研究所
（遼寧省大連市　2011年9月）

24 紹興文理学院
魯迅・池田大作研究所
（浙江省紹興市　2012年3月）

25
貴州大学
池田大作哲学研究所
（貴州省貴陽市　２０１２年9月）

26
渤海大学
池田大作中日友好思想研究所
（天津市　２０１２年9月）

27
井岡山大学
池田大作研究所
（広西省井岡山市　２０１２年10月）

28
北京師範大学
池田大作平和教育研究センター
（北京市　２０１２年12月）

29
華東師範大学
池田大作社会教育研究センター
（上海市　２０１３年11月）

30
復旦大学
池田大作思想研究センター
（上海市　２０１３年11月）

31
大連芸術学院
池田大作教育思想研究所
（遼寧省大連市　２０１３年12月）

32
南京理工大学
池田大作思想研究所
（江蘇省南京市　２０１４年10月）

33
佛山科学技術学院
池田大作思想研究所
（広東省佛山市　２０１４年12月）

34
中山大学南方学院（現・広州南方学院）
国際教養教育と池田大作研究所
（広東省広州市　２０１６年7月）

35
蘇州大学
池田大作中日友好思想研究会
（江蘇省蘇州市　２０１７年1月）

36
大連外国語大学
池田大作研究所
（遼寧省大連市　２０１７年12月）

37
浙江越秀外国語学院
周恩来・池田大作研究センター
（浙江省紹興市　２０１９年6月）

38
大連海事大学
池田大作研究センター
（遼寧省大連市　２０１９年7月）

39
厦門大学
池田大作思想研究センター
(福建省厦門市　2019年7月)

40
河北大学
池田大作研究所
(河北省　2019年10月)

41
貴州民族大学外国語学院
王蒙・池田大作研究所
(貴州省貴陽市　2019年10月)

42
長春師範大学
池田大作文化研究所
(吉林省長春市　2019年11月)

43
山東大学
池田大作研究所
(山東省済南市　2020年12月)

44
信陽師範大学
池田大作・日本研究所
(河南省信陽市　2021年3月)

第二章

創価大学と中国学術機関の交流

創価大学との学術交流の端緒となった中国の大学は、国内最高峰の一つとされる北京大学である。そして、創立者・池田大作先生に最初に名誉学術称号（名誉教授）を贈ったのも同大学だった（1984年6月5日）。ちなみに、その4日後、私の母校・復旦大学も池田先生に名誉教授の称号を贈っている。

以後、中国の大学・研究機関が池田先生に贈った名誉学術称号は127にのぼる（2021年8月時点）。本章の章末に一覧を掲載したが、それに目を通していただくと、中国の主だった大学・学術機関名が列挙されていることがわかる。

名誉学術称号は、授与する側の威信がかかっている。したがって、儀礼的なものではなく、学術研究の実績が問われるのである。その意味で、北京大学をはじめ主要な大学・研究機関があまねく池田先生に名誉学術称号を贈ったことは画期的であり、歴史的にも前人未到の偉業というべきだろう。

本章では、私が関わった創価大学及び中国の大学・学術機関との交流について述べてみたい。

上海杉達学院の名誉教授授与式

２００４年６月26日、創価大学で池田先生への「上海杉達学院名誉教授授与式」が挙行された。同学院からは、袁済《えんさい》学長、強連慶副理事長らが来訪した。

上海杉達学院は１９９２年に「杉達大学」として上海市浦東地区に開学し、北京大学、清華大学、上海交通大学の教授らによって創立された。２００２年には、中国教育部から学位授与の権限をもつ正規４年制私立大学の第１号「上海杉達学院」として、正式に認可された。

実は、池田先生への名誉教授授与までの経緯には、私も少々、関わりがあった。

２００３年、創価大学の講師だった私は、同学院の兼任教授に任命された。強副理事長とは江西省修水県にいた時に知り合い、復旦大学時代にお世話になった。復旦大学では、副学長の要職を務められた。袁学長は上海交通大学学長補佐、研究所所長を経て、「上海杉達学院」の学長に就任された。

袁学長、強副理事長とお会いした折、創価大学と池田先生について話が及んだ。強副理事長は１９８４年に復旦大学訪日団副団長として創価大学を訪問したことがあり、池田先生についてよくご存じだった。袁学長も、池田先生の業績を熟知されていた。そこで私は、「中国初の正規4年生私立大学として学位授与の権限をもつ上海杉達学院は、率先して池田先生に名誉教授を授与すべきではないでしょうか？」と提案をさせていただいた。

お二人は、私の提案に賛同してくださった。そして、創価大学国際部を通して池田先生に上海杉達学院の意向を報告し、ご了解をいただいたのである。

創価大学では授与式に先立って、本部棟17階の大応接間で池田先生と上海杉達学院一行の会見が行われた。そこでは、上海杉達学院の名称の由来とモットー、創価大学の「周桜」、池田先生と周恩来総理の深い友情などが語られた。

袁学長は「池田先生の哲学・思想に私は共感します」「この素晴らしい思想を全世界が必要としています。私は池田先生の教育理念、世界平和の理念に学びたいのです」と語った。

池田先生は「私こそ、皆様に学びたい。中国は、日本の文化大恩の国です」「今、中国は大発展しています」「私はいよいよ、日中に永遠友誼の『金の橋』を築いていく決心です」と述べた。

会見後、池田先生は上海杉達学院一行を美しい富士山が見える窓辺に案内され、記念撮影が行われた。その時、池田先生は、遠慮してちょっと離れたところにいた私を手招きし、記念撮影に加わるよう促された。

本部棟国際会議場で行われた授与式には、百名余の教職員・学生代表が参加した。授賞の辞を述べた袁学長は、池田先生の世界平和、文化、教育等の業績を称え、「個人が一生の中で、これほどの業績を達成された事実は、歴史上なかったのではないかと思います。私たちは心からの敬意を表します」と感激の面持ちで語った。そして、「池田先生に名誉教授称号を授与できることを本当に光栄に思います」と言って、池田先生に名誉教授の証書を手渡した。私は、袁学長の言葉を通訳しながら、感動していた。

池田先生は謝辞で、「名誉教授の授与に深謝し、新たなビジョンをもった『民衆立の大学』として、共に平和の世紀を築いていきたい」と語られた。

その後、上海杉達学院では「池田大作教育思想研究センター」が設立され、袁学

上海杉達学院一行との記念撮影（2004 年 6 月 26 日、創価大学で）。
中央が創価大学創立者の池田大作先生、右端が著者 ©Seikyo Shimbun

長は自らセンター長を、強副理事長は顧問を、私は幹事研究員を兼任した。袁学長も強副理事長も80歳過ぎの高齢であるが、上海杉達学院の終身常務理事として元気で大学管理に携わっておられる（2021年3月時点）。

上海杉達学院の名誉教授授与式は、私と創価大学の関係を一段と深くした。

創価大学北京事務所の開所

創価大学は、1970年代から中国の多くの大学と学術・教育交流を積極的に行ってきた。その交流をさらに広め、深めるための拠点として「北京事務所」を設置することが、2005年に理事会で決定した。そして北京市工商行政管理局の正式認可を得て、翌春に開所の運びとなった。

2006年3月6日、北京大学の資源ビルのロビーで、「創価大学北京事務所開所式」が盛大に挙行された。これには、中国の44大学、国家外交部、中国社会科学院、中華全国青年連合会、中日友好協会の代表が出席し、祝福していただいた。

池田先生は記念のメッセージを寄せ、名代の池田博正創価学会副会長が代読した。

創価大学北京事務所の開所式（2006年3月6日、北京大学で）。
著者が司会を務めた ©Seikyo Shimbun

メッセージには、「この30年余り、貴国との意義深き教育交流を幾重にも重ねることができました。……この北京事務所を新たな拠点として、さらに私たちの友好の大樹が次の10年、また20年、30年先に、どれほど豊かな価値ある結実をもたらしていくことか。その壮大なる未来を思い描くとき、私の胸は希望で高鳴るのであります」と記された。さらに創価教育について、「世界と共生しゆく『開かれた人格』を作ることを目指す人間教育であります」と述べられ、「日中友好の『金の橋』を絶えず強め、不断に磨いていくための『建設の力』こそ、青年と青年の連帯であります」と言及された。そして、「世々代々に、いよいよ栄えゆく両国の平和友好のために、『青年の橋』『教育の橋』『文化の橋』を力強く建設しゆく決心であります」と結ばれていた。

参加者の一人は、「この北京事務所は、池田先生が30年以上にわたって築かれた中日友誼の結晶です」と語ったが、この場に集った全員の共通の思いだったに違いない。

若江正三学長は創価大学を代表して挨拶し、北京事務所首席代表（所長）に馬場善久副学長、名誉所長に北京大学日本研究センター王学珍主任（元北京大学党書記）が就任することが発表された。首席代表の馬場副学長は、日中両国共同研究プロジェクトの遂行、日中友好学術研究助成の実施などの具体的活動について紹介した。中国側からは王学珍名誉所長、中日友好協会の井頓泉《せいとんせん》常務副会長が祝辞を述べた。

北京事務所は開所式以来、２０２１年３月で15年の歳月を経た。創価大学の日中交流の拠点として、いまでも重要な役割を果たしている。私は北京事務所運営委員会委員として、長年、運営に携わらせていただいた。北京事務所常駐の事務担当者の上野理恵さんは、創価女子短期大学を経て南開大学に留学し、卒業後に事務所業務を担当するようになった。堪能な中国語を駆使して、積極的に日中交流の業務に取り組んでいる。

湖南大学の名誉教授授与式

湖南大学は、世界有数の古い歴史をもつ学府・岳麓書院に淵源を発し、「千年学府」と称される、中国教育部直属の国家重点大学である。

私は2005年に、湖南大学政治・行政管理学院の兼任教授に任命されていた。湖南大学政治・行政管理学院の院長は、私の復旦大学時代の恩師・王邦佐《おうほうさ》教授が兼任されていた。王先生は、上海師範大学学長や上海社会科学連合会主席等の要職を務め、中国政治学会副会長を兼任されていた。上海で王先生に面談をした際、私は創価大学と池田先生の業績を紹介しつつ、「湖南大学も池田先生に名誉学術称号を贈るべきではないでしょうか」と提案した。王先生は即座に、「私から湖南大学の指導部に提案してみましょう」とおっしゃられた。その後、王先生の意向を受けた政治・行政管理学院常務副院長・陳暁春《ちんぎょうしゅん》教授が報告書を作成し、湖南大学校務委員会の許可を得た。

2006年4月2日、湖南大学の王耀中《おうようちゅう》副党書記、王邦佐教授、陳暁春教授らの一行が来日した。池田先生への「名誉教授授与式」のためである。

翌3日、創価大学では第36回入学式が行われていた。湖南大学代表団が池田講堂前の広場に到着すると、大勢の方々の熱烈歓迎を受けた。講堂に入ると池田先生の出迎えを受け、入学式の壇上へと案内をされた。講堂の4000人以上の参加者が、盛大な拍手で歓迎した。

王副党書記は授賞の辞で、池田先生の「日中国交正常化提言」など中日友好の先駆的で歴史的な行動、対話による世界平和の構築への卓越した貢献、教育者としての人類社会への多大な功績などを称賛し、「池田先生への尊敬の心をもって、わが湖南大学に『池田大作研究所』を設立することを決定いたしました」と高らかに宣言した。それを通訳が日本語で紹介すると、場内からはどよめきと盛大な拍手が響きわたった。

王副党書記から名誉教授証書を受けた池田先生は、「千年の歴史と伝統を誇る貴大学からの最高の栄誉を拝受いたします」と謝意を表した。そして、朱子の「きょう学ばずして明日はない」との名言を引用し、「学問は品位ある喜び、学問は栄光の法則、学問は前進勝利の源」と述べ、湖南大学の校歌や校訓に触れて、「人材の力で社会と民衆を救う」こと、「正義の先頭に立つ勇気をもつ」ことなどを語った。

晴れの授与式の後、池田先生は湖南大学一行と記念写真を撮り、私も加えていただいた。

それから半年後の10月16日、湖南大学で「池田大作研究センター」の開所式が行われた。私は馬場善久副学長と一緒に参加した。

開所式では、鄧頻声《とうひんせい》副学長が、「東洋の文明の発展に偉大な貢献をされた池田先生は、21世紀の世界が讃える『文化の巨匠』です。その思想研究の発展は世界的な慶事となるでしょう」と挨拶をした。陳暁春教授は所長を兼任し、王耀中党副書記、鄧頻声副学長、王邦佐院長が顧問を兼任した。その後、湖南大学では学生を主体とする「池田思想読書会」を開催し、湖南大学の関係教員や学生らによって「池田思想」研究が推進されている。

後に耳にした話だが、王耀中副党書記は創価大学での感動が忘れられず、長沙理工大学党書記に転任後、同大学の入学式は創価大学をお手本にしたという。

上海師範大学の終身名誉教授授与式

湖南大学の王邦佐院長は、上海師範大学の元学長だった。その関係で、湖南大学に続いて上海師範大学でも池田先生に名誉学術称号を贈ってはどうかとの議論が高まった。

王先生の紹介で、私は国際交流処の陸紅玉《りくこうぎょく》副処長と連絡を取り、準備作業を進めた。授与に必要な審査手続きを経て、上海師範大学学術委員会の許可を得ることができた。その結果、上海師範大学は池田先生に「終身名誉教授」を贈ることになった。

上海師範大学は1954年の創立で、教員養成の殿堂として名高い。上海市内の小中高等学校教員の約7割が同大学の卒業生で、17学部4万人の学生を擁している。そして、世界30か国の180大学・研究機関と交流関係を結んでいる。(2020年時点)

2007年12月17日、澄明なる青空のもと、上海師範大学の陸建非副学長、王邦佐元学長、陸紅玉国際交流処副処長らが創価大学キャンパスに到着した。授与式は本部棟で行われた。池田先生は、日程調整ができなかったために欠席された。式典で陸副学長は、「池田先生は世界平和と人類の進歩に傑出した貢献をされ、世界の人々から深く尊敬されています」「一人の教育者としても『人間教育』『知行合一』の崇高な教育理念を掲げられ、世界の教育者の模範となっています」などと述べた。そして、陸副学長は自作の詩「池田大作先生に贈る」を読み上げた。

池斂清風聚祥和
田浮瑞気遠岫平
大哉賢者任馭使
作善増益毋稍節

日本語の読みは「池は清風を斂め、祥和を聚む。田に浮かぶ瑞気、遠岫は平らかなり。大いなる賢者は、御者に任ぜられ。作りもたらす善と益は、稍節なし」。各詩句の両端の文字を並べると「池田大作　和平使節」の言葉になる。

授与の辞を述べた後、「終身名誉教授」証書が山本英夫学長に代理授与された。続いて、池田先生の謝辞が代読された。池田先生は「最高に意義深き名誉教授の称号を拝受いたしましたことに深く御礼申し上げます」と述べ、「我ら希望の種を植えん」という上海師範大学の校歌に言及し、「一人の生命を育てることは、未来を育てることです。一人の人間を変えることは、世界を変えることです」と論じた。そして、中国大教育家の陶行知先生の「汝の生命を学生たちの生命に注ぎ給え」との教育思想を語り、さらに創価学会初代会長・牧口常三郎先生の「教育の目的は、子供の幸福にある」との言葉を紹介した。

その2年後の、２００９年10月21日、上海師範大学に「池田大作思想研究センター」が開所した。開所式には李進《りしん》学長、陸副学長らが出席し、私は創価大学の山本学長と一緒に参加した。李学長と山本学長による銘板の除幕後、私は池田先生のメッセージを中国語で代読させていただいた。所長に就任した陸副学長は、センターの研究計画を語った。同日、両大学の「学術交流協定」が結ばれた。

北京大学の傘寿祝賀学術報告会

２００８年1月2日は、池田先生の80歳の誕生日であった。日本では80歳は「傘寿」として、長寿のお祝いをする習慣がある。日中両国関係者の間では、早くからこの日に向けて池田先生の「傘寿」をお祝いしようとの声が上がっていた。

２００７年、創価大学北京事務所の川上喜彦事務長が、北京大学国際交流協力部の李岩松《りがんしょう》部長と会った時にその話をすると、李部長から「それなら北京大学で祝賀会をやりましょう」との提案があった。それを受け創価大学理事会は、北京大学で「傘寿祝賀学術報告会」を開催することを決定した。

「池田大作先生傘寿祝賀学術報告会」は、２００８年2月27日午後、北京大学英傑交流センターで盛大に開催された。これには、全国人民代表大会常務委員会・許嘉《きょか》璐《ろ》副委員長、全国政治協商会議・羅豪才《らごうさい》副主席の二人の国家指導者、日本大使館の道上尚史公使らが出席したほか、北京大学の許智宏学長はじめ全国20大学の首脳、中華全国青年連合会、中日友好協会など各団体の幹部が列席し、熱烈な祝福をした。また、北京大学の教員・学生代表、創価大学の山本英夫学長、池田博正理事をはじめ創価大学・創価女子短期大学の教員、留学生代表ら350人が参加した。

池田先生は1974年の初訪中時から1990年までの間に、7度にわたって北京大学を訪問されている。北京大学は、1979年9月の「会談紀要」によって創価大学と学術交流を開始し、1980年4月に「学術交流協定書」を調印した。創価大学は北京大学の日本交流校の第1号、北京大学は創価大学の中国交流校の第1号である。

この長い学術・教育交流の歴史を基盤に、「池田大作先生傘寿祝賀学術報告会」を開催する運びとなったのである。中国最高峰の名門・北京大学が総力を挙げた学術報告会は、日本の民間人に対する史上前例のない祝賀行事となった。

池田先生は、この学術報告会にメッセージを寄せた。その中で、池田先生は「かねて私が展望してきた『大中国の世紀』が、いよいよ到来したことを、私はなによりも嬉しく、心を躍らせながら見つめております」と讃嘆した。さらに、北京大学名誉教授としての立場から、「旭日の大中国を、いやまして威風堂々と牽引されゆく、北京大学の万古長青のご発展を、私は、名誉ある貴大学の一員として、心の底からお祈り申し上げます」と述べた。

開幕式に続いて行われた学術シンポジウムでは、対外文化交流協会の劉徳有《りゅうとくゆう》常務副会長、北京大学池田大作研究会の賈蕙萱会長、南開大学思想文化教育学院の紀亜光副院長が学術報告をした。

注目すべきは、北京大学にはすでに「池田大作研究会」があったことである。中国最高の知性が集まる北京大学が、一人の日本人を研究対象とすることは、まさに前代未聞である。いかに池田先生の言動が高く評価されていたかを、この一事が如実に示している。

創価大学代表団のメンバーとして参加した私は、北京大学外国語学部日本語学科の丁莉《ていり》准教授と一緒にガラス張りの同時通訳用の専用室に入って、日本側関係者の日本語を中国語に同時通訳した。

「池田大作先生傘寿祝賀学術報告会」の開催に重要な役割を果たした北京大学国際交流協力部の李部長は、その後、北京大学副学長に昇進し、2016年に上海外国語大学学長になった。創価大学は、2018年に開催した復旦大学での「第10回池田思想国際学術シンポジウム」に、来賓として李学長をお招きし、スピーチをしていただいた。

「池田提言」40周年記念シンポジウム

2008年はまた、池田先生の「日中国交正常化提言」(「池田提言」と略称)発表40周年の佳節である。

日中関係史において画期的な意義をもつ「池田提言」発表40周年の記念事業として、創価大学理事会は「国際シンポジウム」の開催を決定した。

私はシンポジウム開催実行委員会委員として、準備作業に参加した。その中で、パネリストの人選が議題になった。さまざまな意見が出されたが、最終的に日本人学者2名、中国人学者2名に絞られた。日本側の2名は、早稲田大学の天児慧教授と創価大学の高村忠成教授である。天児教授は現代中国論など数多くの著作があり、日本を代表する中国研究者として知られていた。関係者の紹介で、馬場善久副学長などと一緒に早稲田大学に行き、直接、天児教授に講演を依頼し、快諾をいただいた。中国側は、北京大学国際関係学院長の王緝思《おうぎし》教授である。王教授は欧米でも注目されていた国際関係学の権威で、2月の「池田大作先生傘寿祝賀学術報告会」に参加した際、創価大学関係者と共に北京大学国際関係学院に出向いて講演を依頼し、快諾を得た。

「池田提言40周年記念国際シンポジウム」は、『日中関係の過去・現在・未来』をテーマに、2008年9月8日、創価大学国際会議場で盛大に開催された。私はシンポジウムの司会を務めさせていただいた。創価大学の重要な国際シンポジウムの司会役を外国人教員が担当するのは初めてのことだったので、光栄に思いながら緊張感をもって臨んだ。

主催者の創価大学を代表して、山本英夫学長が開会の挨拶した後、4名のパネリストが講演をした。

創価大学の高村教授は、『歴史を変えた日中国交正常化提言』と題する講演を行った。高村教授は「池田提言」を会場で直接耳にした、いわば歴史の証人の一人である。40年前に受けた感動と、その後の日中交流に対する池田先生の熱い思いを語った。

中国社会科学院日本研究所の金副所長は、『現在の日中関係の基本的特徴』と題する講演をした。「40年前の日中関係の厳しい環境を思い返すとき、池田先生の当時の英明なるご判断、遠見と勇気に一層敬服いたします」という言葉が印象的だった。

北京大学の王教授は『国際的大局から見た日中関係』と題する講演をした。広い視野で日中関係についての見解を述べ、「池田先生は世界平和、中日友好に重大な貢献をされた有名な方です」と語った。

最後に登壇した早稲田大学の天児教授の『新たな段階を迎える日中関係』と題する講演は、新たな段階を迎えた日中関係についての分析とともに、今後の日中関係の発展や東アジア共同体などについて展望した。そして、「池田名誉会長の提言は既存の枠組を超えて正常化を大きな流れにする面から、大きな意味をもった」と、日中関係における提言の意義への考察を述べた。

講演後にディスカッション（質疑応答）が行われ、「若者の活力で『友好の競争』をしてほしい」などと、日中両国の青年へ期待を寄せた。

最後に、私は司会役として、こう締めくくった。

「今年5月、胡錦濤国家主席は池田大作先生と会見をした際、池田先生の日中関係に対する貢献について次のとおり述べられました。

『池田先生は長期にわたり、中日友好にご尽力なされました』

『早くも1968年に、先生は率先して、中日国交正常化を一日も早く実現しようと、提唱されました』

『私は先生の政治的な遠見、そして博識と勇気に対して、心からの敬意を表します』

胡主席の言葉は、日中国交正常化提言のもつ重大な意義を正しく深く総括したと思います。国交正常化の実現及び日中関係の発展に重大な貢献をなさったわが創価大学の創立者・池田大作先生に心より崇高な敬意を表したいと思います。

今日は伝統的祭り、旧暦『中秋名月の日』です。この輝かしい、美しい、また円い『中秋の名月』は、『団欒』と『円満』の象徴だといわれています。本日のシンポジウムは正に日中友好『団欒』のシンポジウム、日中友好『円満』のシンポジウムでございます。日中両国国民の円満と幸福、日中友好関係の円満と発展を心よりお祈り申し上げます」

清華大学の訪問と名誉教授授与式

北京大学の祝賀学術報告会の翌日（2008年2月28日）、創価大学代表団が清華大学を訪問した。

清華大学は胡錦濤・元国家主席、朱鎔基・元総理などの国家指導者を輩出し、中国教育界では北京大学と並ぶ最高峰の名門大学である。創価大学とは2003年11月、「学術交流協定」を結んでいる。私が同大学を創価大学代表団の一員として表敬訪問した最初は、2005年10月である。その後、両大学の交流は一層、深まった。

ちなみに、清華大学日本語学科の教員は、半年ずつ交替で創価大学での研修が恒例となっていた。また、哲学学部の盧風教授、日本研究センター長の曲徳麟《きょくとくりん》教授らの著名な学者たちは「池田思想シンポジウム」に出席するなど、創価大学との学術交流に積極的に関わっていた。

2008年2月の創価大学代表団の訪問の際、学長との初めての会見が実現した。顧秉林《こへいりん》学長は開口一番、中国語で「池田先生はお元気ですか。ぜひ宜しくお伝えください」と笑みを浮かべながら、団長の山本英夫学長に声をかけた。しかし、この発言に対して清華大学側の通訳担当者である日本語学科の教授は無反応だった。私は即座に、この大事な発言を日本語に通訳して山本学長に伝えた。

会見の中で顧学長は、1993年から1994年にかけて日本の東北大学に客員教授として研究滞在した思い出を語った。その際、創価学会員の方と親交を結び、その紹介で創価大学キャンパスを見学し、隣接する東洋哲学研究所を訪問したという。顧学長は、池田先生や創価大学のみならず創価学会についてもよく理解をされていた。

会見は50分ほど続いたが、その間、私は両学長の通訳を務めることになった。中国語と日本語での交互通訳は初めての経験で、大変な試練だったが、大いに勉強になった。顧学長は、「池田先生の日中国交正常化提言と、周恩来総理との友誼について、よく存じ上げております」と強調し、「先生は中国人民の恩人です。傘寿をお祝いできて本当にうれしい」と語った。

この会見の翌2009年10月26日、私は創価大学代表団のメンバーとして清華大学を再訪し、顧学長と再会した。その前々日（24日）と前日（25日）に遼寧師範大学で行われた「池田大作思想国際学術シンポジウム」に関して、顧学長は「池田先生の思想を研究することは大変に意義があります。人類全体の貴重な財産です」と語った。

会見では、池田先生に世界各国から多くの名誉学術称号が授与されたことが話題になり、顧学長は清華大学も名誉教授を贈りたいとの意向を示した。関係筋によると、会見の後、顧学長は直ちに名誉教授授与の手続きに着手するよう指示を出したという。その後、所要の手続きを経て、清華大学校務委員会は池田先生に名誉教授を授与することを決定した。

清華大学名誉教授称号の授与式は、2010年5月13日午後、東京・千駄ヶ谷の創価国際友好会館で盛大に行われた。顧学長を団長とする清華大学代表団一行が出席し、顧学長から直接、池田先生に「名誉教授」の証書が手渡された。清華大学が世界各国の学者に贈った名誉学術称号は、池田先生が52番目とのことだった。長い歴史のある清華大学でも、名誉学術称号は希少価値なのである。

式典には、中国の程永華《ていえいか》駐日大使が出席し、祝辞を述べた。程大使は、1975年4月に池田先生が身元保証人となって創価大学に受け入れた6名の国費留学生の一人である。

池田先生の日中交流の偉業が、人材という面でも着実に実を結んでいることに、私は感動を覚えた。

この清華大学の授与式以降、82歳になられた池田先生のご健康に配慮して、海外からの名誉学術称号の授与は代理授与の形で行うようになった。代理授与は異例なのだが、それでもぜひ名誉学術称号を贈りたいという海外の大学・学術機関は後を絶たない。ちなみに、中国では清華大学以降は、23大学が池田先生に名誉学術称号を贈っている（2021年8月時点）。

創価大学の中国語教育

創価大学教授に就任後、私は非常勤時代の担当科目を継続しながら、新しい科目を担当するようになった。その内、特にネイティブの役割を果たしたのは、創価大学と北京語言大学との共同養成によるダブルディグリー（二重学位）コースを担当したことである。

北京語言大学は1962年の創立以来、160を超える国・地域から数多くの留学生を受け入れてきた。中国で外国人留学生が一番多い大学で、「小国連」とも呼ばれ、中国における外国人のための中国語教育の最高峰の学府であり、世界に開かれた国際人を養成する名門学府である。

2005年5月に池田先生に名誉教授称号を贈ったことをきっかけに、北京語言大学は創価大学との交流をさらに推進した。2005年10月12日、若江正三学長を団長とする創価大学代表団が北京語言大学を訪問し、学術交流協定に調印した。調印式には北京語言大学の崔希亮《さいきりょう》学長らが出席し、崔学長は「中日関係の未来のために、教育交流は非常に重要です。池田先生が創立した創価大学との交流は、私たちにとって、とても光栄なことです」と語った。

その後、1年間の準備期間を経て2007年4月、創価大学で第1期ダブルディグリーコースが発足した。毎年10名の学生を選抜し、北京語言大学に派遣する1+2+1のシステムである。

1年目は、創価大学で共通科目中国語コースの倍以上の量の中国語を勉強し、中国語のシャワーを浴びるように特訓し、中国語の基礎をしっかり身に付けさせる。2年目と3年目の2年間は、北京語言大学に留学して中国語などの必修科目を履修し、4年目は創価大学に戻って所定の科目を履修する。4年間で中国語の卒業論文と日本語の卒業論文を提出し、二つの大学の学位(学士号)を取得する、というシステムである。

私は毎年、ダブルディグリーコースの新入生に「創立者がこのコースの生みの親です」と言い続けてきた。発足後十数年経ったが、ダブルディグリーコースから優秀な人材、特に日中友好の人材が輩出している。毎年、創価大学派遣の学生は北京語言大学の優秀学生に選出され、「創価大学の学生はとても優秀です」と高く評価されてきた。

中国語は世界で最も古い言語の一つであり、国連をはじめ国際機関の公用語となっている。創価大学は開学時からいち早く、中国語を共通科目外国語の授業科目に取り入れていた。私は、1984年に交換教員として創価大学に赴任した際と非常勤講師だった90年代は、共通科目中国語の授業を担当した。専任教員（教授）になってからは、共通科目中国語のコーディネーターとして共通科目中国語の運営に取り組んだ。

創立者・池田先生の日中友好思想と実践の影響を受けて、創価大学では中国語に興味をもち熱心に勉強する学生が多く、第2外国語履修者の内、中国語の履修者はいつも一番多い。新入生の約半分が第2外国語の中国語を履修する、という年度も珍しくない。

中国語科目コーディネーターとしての私は、主に三つのことを実行した。

一つ目は、大学の方針に沿って、共通科目中国語のスタンダード化を実施したことである。スタンダード化に伴い、毎年統一したシラバス（各科目の授業計画の概要）を作成し、各クラスはこのシラバスに基づいて授業を行った。さらに春学期と秋学期は、中間テストと期末試験を実施するため、統一した試験問題を作成する必要がある。輪番制で担当教員が交替してA巻、B巻、C巻を作ったが、私はそれを全部チェックしなければならないので大変時間がかかった。しかし、共通科目中国語の発展のために必要なことだったので、真剣に遂行した。

二つ目は、共通科目中国語のテキストを編集出版したことである。スタンダード化を実施するためには、統一のテキストが必要になる。そこで私は、コーディネーターとなった初年度から、創価大学の中国語テキストの編集執筆に着手した。さらに、中国語授業担当の関係講師に呼びかけ、テキストの編集委員会を作り、私は主編として編集大綱を作成し、関係講師と分担執筆をした。２０１２年、白帝社から

『大学生活　中国語基礎』というテキストを出版した。創価大学の教員による初のテキストは、好評だった。出版社の編集担当者の話では、創価大学以外にも７大学の中国語授業のテキストとして採用されたという。４年後に白帝社から『大学生活中国語基礎　改訂版』を出版し、その５年後の２０１９年には、改訂版を基に中国語の授業を担当する教員や学生の意見・提案を取り入れ、大幅に修正した『大学生会話　中国語基礎』を出版することができた。このテキストの構成は発音編と文法編からなる。文法項目と語句をさらに吟味し、よりシンプルに効率よく学習できるように工夫をした。定年退職の目前にでき上がったテキストを手に取った私は、創価大学における使命の一つを達成できたことに、満足した。

三つ目は、中国語能力検定試験を実施したことである。日本の中国語能力の検定試験には中国教育部主催のＨＳＫ試験と、財団法人中国語検定協会主催の中国語能力検定試験がある。

創価大学では中国への留学選考の際、学生の中国語能力の基準としてＨＳＫ試験の結果を参考にしていたが、私は大学の統一的な中国語能力検定試験の必要性を感じていた。そこで、コーディネーターになった時に、中国語能力検定試験のシステムを導入する提案を出した。大学の了解を得て、財団法人中国語能力検定協会を訪ね、協会の会長及び事務局長と会談した結果、毎年11月、創価大学に中国語能力検定試験の会場を設け、試験を行うようになった。

「創価大学グランドデザイン2021〜2030」

２０１４年、創価大学は文部科学省の「スーパーグローバル大学創成支援」事業の指定校となった。この事業は、日本の大学の国際競争力の向上を進め、グローバルな舞台で活躍できる人材育成を目的とする。国立、公立、私立の各大学から37校が指定され、内14校が私立大学である。

事業目標を達成するため、中国からの留学生の募集拡大が喫緊の課題となった。２０１５年初春、創価大学から2チームが中国の北方地域と南方地域に派遣された。私は学長代理として国際部の川上善彦副部長と一緒に北方地域の大連に行き、大連外国語大学、大連海事大学、大連工業大学、大連芸術学院及び関連の高校を訪問した。その結果、同年秋学期から中国人留学生は大幅に増えた。

その受け入れに当たり、創価大学は中国人留学生に創価教育理念を理解してもらうために、2016年度から中国語で講義する「人間教育論（C）」という科目を開設することになった。私はこの科目のコーディネーターとして、開設準備に着手した。すでに開設していた「人間教育論」や「創価教育論」などの科目を参考にしつつ、各方面の意見を聞きながらシラバスを作成した。そして文学部、教育学部、通信教育部、ワールドランゲージセンター、創価教育研究所の中国人教員を主体に、「人間教育論（C）」の担当チームを作った。

「人間教育論（C）」は、2016年度に正式開講となった。中国人留学生及び中国語ができる学生を対象に、中国語で講義を行うのである。この授業では、創立者・池田先生の著作・講演を通して、創価大学の歴史と教育理念・日中友好の重要性を理解し、自身の学びの意味を確認することを目標としている。ある中国人留学生は、「中国語の授業に親近感を覚え、創価教育思想、特に『池田思想』は大変勉強になりました」と語った。

2018年に発表された「スーパーグローバル大学創成支援」事業の中間評価で、創価大学は最高評価の「S」の認定を受けた。

さらに2020年には、創価大学のグローバル教育の充実ぶりを裏付けるデータが発表された。世界の主要大学のランキングを公表するイギリスの教育専門誌「タイムズ・ハイヤー・エデュケーション」の「THE世界大学ランキング 日本版2020」で、創価大学は「国際性」の分野で6位に飛躍した（前年は16位）。同分野は「日本人学生の留学比率」「外国人学生比率」「外国語で行われている講座の比率」などを根拠に、順位付けされるものである。

また、総合順位では、2019年から四つランクを上げ、75位となった。これらは、1971年の開学以来、池田先生が示された「創造的世界市民」の育成に力を注いできた、創価大学の国際教育の結実といえよう。

創価大学は海外61か国・地域の223大学と学術交流協定を結び、毎年約900人の学生が留学・海外研修を経験している。また、55か国・地域から約700人の留学生を受け入れ、国際性に富むキャンパスへと成長した。

池田先生は1996年、アメリカの名門・コロンビア大学で講演をした際、「世界市民」の要件として次の3条件を挙げられた。

第1、生命の相関性を深く認識しゆく「智慧の人」

第2、人種や民族や文化の「差異」を尊重し、理解し、成長の糧としてゆく「勇気の人」

第3、苦しんでいる人々に同苦し、連帯しゆく「慈悲の人」

創価大学は「智慧」「勇気」「慈悲」の体現者として、グローバル社会の中で力を発揮できる「世界市民」の育成に全力を注いできた。

私は、この「世界市民」の3条件は中国伝統の儒教思想と共鳴し合うところがあると考えている。儒教の始祖・孔子は、「勇者は不惧、知者は不惑、仁者は不憂」と説いた。

池田先生は、日本にとって中国は「文化大恩の国」とたびたび述べられている。この言葉は、中国人には大いなる励ましとなっている。

創価大学では、2010年に発表した、創立50年の大学像の目標・計画を戦略的に示す「創価大学グランドデザイン」のもと、教育環境の整備を行ってきた。その後、さらなる発展を目指し、創立50年以降を見据えた中長期計画「創価大学グランドデザイン2021〜2030」を策定した。

それを先導する役割を担っているのが、馬場善久学長と田代康則理事長のお二人である。

馬場学長は、2013年に創価大学出身者として初の学長に就任した。経済学部の1期生で、大学卒業後にカリフォルニア大学サンディエゴ校経済学研究科博士課程に進み、ノーベル経済学賞を受賞した教授のもとで博士号を取って帰国し、母校に勤務した。教務部長だった時に大胆な教育改革で手腕を示し、高く評価されたと伺った。

馬場さんが副学長だった2006年10月16日、私は一緒に湖南大学と湖南師範大学を訪問した。湖南大学では「池田大作研究センター」の開所式に参加し、湖南師範大学では創価大学との交換留学に関する細則を定めた協議書の調印を行った。その夜、歓迎宴に出席した際、偶然にも馬場副学長と湖南師範大学の蔣洪新《しょうこうしん》副学長が共にカリフォルニア大学で学んだことがわかって、二人は英語で歓談を始めた。私は通訳をする必要がなくなり、その代わりにもっぱら「乾杯」（一気飲み）の対象にされて、有名な「酒鬼」という中国の白酒をたくさん飲まされてしまった。

馬場学長の英語はとても流暢で、留学実績からもスーパーグローバル大学を目指す創価大学を牽引するにふさわしい学長だと思う。

また田代理事長は、創価大学経済学部の1期生として入学後、大学院に進んで1977年に経済学修士号を取得した。創価学会本部勤務を経て、1990年に創価大学に転勤。理事・総務部長、副理事長から2004年、理事長に就任した。

2018年5月、田代理事長と一緒に中国の佛山科学技術学院で開催された「池田大作教育思想シンポジウム」に参加した。その時、出席者の北京大学賈蕙萱教授から「池田先生の人間主義教育、世界市民教育の思想と実践は素晴らしいですが、その成果として、優秀な人材が育った具体例を教えてください」と質問をされた。私はその時、教員から聞いていた田代理事長の人物像、特に自律精神に基づく利他の行動を挙げ、「『池田思想』が育てた優秀な人材の一人は、みなさんの眼の前にいます」と紹介をした。参加者はいっせいに、田代理事長に向けて盛大な拍手を送った。

池田先生はかねてから、教育の重要性を強調され、「教育は人生の最も神聖なる事業である」とも語られている。その目的は、人を育てることに尽きる。人材育成こそが、未来を開く鍵である。

開学50年の佳節を刻む2021年4月、開学時に3学部4学科でスタートした創価大学は8学部、5研究科、2専門職大学院に加えて通信教育部を擁し、創価女子短期大学を併せた学生数はおよそ8千人に発展した。中長期計画「創価大学グランドデザイン2021~2030」が進展する今後10年間を想像すると、心が躍る。

［資料］

中国の大学・学術機関が池田先生に贈った「名誉学術称号」一覧

1 北京大学 名誉教授 1984・6・5
2 復旦大学 名誉教授 1984・6・9
3 武漢大学 名誉教授 1990・11・3
4 マカオ・東亜大学 名誉教授 1991・1・30
5 香港中文大学 最高客員教授 1992・1・30
6 中国社会科学院 名誉研究教授 1992・10・14
7 深圳大学 名誉教授 1993・11・4
8 新疆ウイグル自治区博物館 名誉教授 1994・1・6
9 新疆大学 名誉教授 1994・8・12
10 厦門大学 名誉教授 1994・11・22
11 マカオ大学 名誉社会科学博士 1995・11・14
12 香港大学 名誉文学博士 1996・3・14
13 新疆大学 名誉学長 1996・4・2
14 中山大学 名誉教授 1996・11・17
15 吉林大学 名誉教授 1997・2・20
16 上海大学 名誉教授 1997・5・12

---

17 内蒙古大学 名誉教授 1997・10・6
18 延辺大学 名誉教授 1998・11・1
19 南開大学 名誉教授 1998・11・25
20 四川大学 名誉教授 1999・4・5
21 東北大学 名誉教授 1999・7・24
22 湖南師範大学 名誉教授 1999・9・10
23 南京大学 名誉教授 1999・12・16
24 中央民族大学 名誉教授 2000・2・8
25 広東外語外貿大学 名誉教授 2000・2・19
26 東北師範大学 名誉博士 2000・3・10
27 内蒙古芸術学院 最高名誉教授 2000・4・22
28 北京行政学院 名誉教授 2000・5・11
29 雲南大学 名誉教授 2000・6・27
30 華南師範大学 名誉教授 2000・8・25
31 香港中文大学 名誉社会科学博士 2000・12・7
32 広東省社会科学院 名誉教授 2001・2・16

33 西北大学　名誉教授　2001・4・2
34 安徽大学　名誉教授　2001・4・28
35 福建師範大学　名誉教授　2001・6・1
36 華僑大学　名誉教授　2001・6・14
37 曁南大学　名誉教授　2001・7・14
38 蘇州大学　名誉教授　2001・10・5
39 遼寧師範大学　名誉教授　2001・10・23
40 広州大学　名誉教授　2001・11・18
41 遼寧社会科学院　首席研究教授　2002・3・9
42 遼寧大学　名誉教授　2002・4・1
43 青島大学　名誉教授　2002・4・21
44 黒龍江省社会科学院　名誉教授　2002・5・25
45 南京師範大学　名誉教授　2002・6・23
46 中国人民大学　名誉教授　2002・9・28
47 中国科学技術大学　名誉教授　2002・10・6
48 浙江大学　名誉教授　2002・11・2
49 上海外国語大学　名誉教授　2002・12・12
50 上海社会科学院　名誉教授　2002・12・21
51 大連外国語大学　名誉教授　2003・4・15
52 西北師範大学　名誉教授　2003・10・8
53 上海交通大学　名誉教授　2003・10・24

54 肇慶学院　名誉教授　2003・12・24
55 国家検察官学院　名誉教授　2004・3・19
56 石油大学　名誉教授　2004・5・29
57 上海杉達学院　名誉教授　2004・6・26
58 福建社会科学院　名誉教授　2004・9・26
59 長春大学　名誉教授　2004・10・3
60 曲阜師範大学　名誉教授　2004・10・16
61 上海財経大学　名誉教授　2005・4・1
62 北京語言大学　名誉教授　2005・5・7
63 華中師範大学　名誉教授　2005・6・17
64 広西師範大学　名誉教授　2005・7・14
65 華東理工大学　名誉教授　2005・10・8
66 湖南大学　名誉教授　2006・4・3
67 華東師範大学　名誉教授　2006・5・5
68 南京芸術学院　名誉教授　2006・5・22
69 西南政法大学　名誉教授　2006・6・2
70 韶関学院　名誉教授　2006・6・16
71 北京師範大学　名誉教授　2006・10・7
72 大連理工大学　名誉教授　2006・12・8
73 貴州大学　名誉教授　2007・2・26
74 ハルビン工程大学　名誉教授　2007・4・18

75 天津社会科学院　名誉教授　2007・5・5
76 陝西師範大学　名誉教授　2007・10・6
77 中国青年政治学院　名誉教授　2007・10・21
78 温州医学院　名誉教授　2007・11・30
79 上海師範大学　終身名誉教授　2007・12・17
80 湖南科技大学　名誉教授　2008・3・1
81 嘉応学院　名誉教授　2008・3・31
82 河北大学　名誉教授　2008・4・16
83 延安大学　終身教授　2008・5・4
84 遼東学院　終身名誉教授　2008・5・30
85 長春工業大学　名誉教授　2008・6・2
86 大連大学　名誉教授　2008・12・3
87 福建農林大学　名誉教授　2009・4・17
88 河南師範大学　名誉教授　2009・4・24
89 新疆財経大学　名誉教授　2009・5・28
90 アジア(マカオ)国際公開大学
名誉哲学博士　2009・9・24
91 仲愷農業工程学院　名誉教授　2009・10・14
92 大連工業大学　名誉教授　2009・10・25
93 西南交通大学　名誉教授　2009・11・1
94 西安理工大学　名誉教授　2009・11・6

---

95 寧夏大学　終身名誉教授　2009・11・23
96 西安培華学院　名誉教授　2009・12・23
97 安徽理工大学　名誉教授　2010・1・27
98 西安外事学院　名誉教授　2010・2・27
99 広東商学院　名誉教授　2010・3・10
100 西安交通大学　名誉教授　2010・3・21
101 四川省社会科学院　名誉教授　2010・4・5
102 新疆医科大学　名誉教授　2010・4・15
103 広西芸術学院　終身名誉教授　2010・4・15
104 紹興文理学院　名誉教授　2010・4・20
105 清華大学　名誉教授　2010・5・13
106 北京城市学院　名誉教授　2010・5・28
107 寧波大学　名誉教授　2010・6・8
108 浙江海洋学院　名誉教授　2010・6・9
109 大連海事大学　名誉教授　2010・12・1
110 マカオ理工学院　名誉教授　2011・1・29
111 マカオ科技大学　名誉教授　2011・5・18
112 海南師範大学　名誉教授　2011・5・26
113 井岡山大学　名誉教授　2011・10・20
114 集美大学　名誉教授　2011・11・9
115 中央財経大学　名誉教授　2012・1・12

116 貴州師範大学　名誉教授　2012・5・8
117 渤海大学　名誉教授　2012・6・13
118 大連芸術学院　名誉教授　2013・10・8
119 天津外国語大学　名誉教授　2014・5・16
120 ハルビン師範大学　名誉教授　2014・7・16
121 南京理工大学　名誉教授　2014・10・17
122 佛山科学技術学院　名誉教授　2015・5・28
123 湖南工業大学　名誉教授　2017・6・22
124 湖北大学　名誉教授　2017・11・9
125 北京電影学院　名誉教授　2018・10・23
126 淮陰師範学院　名誉教授　2018・10・29
127 長春師範大学　名誉教授　2019・11・7

第三章

日中友好の〝金の橋〟

序章の冒頭に述べたように、日中友好交流はいまや「深化の時代」を迎えた。交流の深化とは、互いの共通点を模索し、認め合い、共に発展を目指すことである。

1978年8月の「日中平和友好条約」締結で、日本と中国は平和友好関係の法律的枠組みを確立した。しかし、日中間に存在している根深い政治的相互不信を背景に、歴史問題や領土問題がしばしば表出してきた。現在、米中間の新たな「戦略的競争」を背景に、日中間の外交にもさまざまな影響が生じている。

政治学者という立場からすれば、国益を守らなければならない外交において、見解の対立はむしろ当然のことで、外交史はすなわち「対立と妥協の産物」と、私は考える。その一方で、日中友好の「懸け橋」となることを使命にしてきた私は、外交上の不毛で不幸な対立を止揚する手立ては「池田思想」にある、と確信している。

本章では、改めて日中交流の歴史を振り返るとともに、「池田思想」が中国の未来にどのような意味をもつのかを、「私見」として述べてみたい。

中国の国家指導者たちとの友誼

池田大作先生は、1974年から2008年にかけて、中国の国家指導者たちと会見をし、交流を深めてきた。特に、1974年から1997年の間は、10回にわたって中国を訪問している。

この10回の訪中は、池田先生の日中友好の足跡として重要な意義をもつので、まず概略を記しておきたい。

【第1次訪中：1974年5月30日〜6月15日】

当時は中国への直行便がなく、香港の羅湖駅から徒歩で鉄橋を渡り、深圳《しんせん》に入った。北京で中日友好協会の廖承志会長らの出迎えを受けた。北京大学などを訪問した後、人民大会堂で李先念《りせんねん》副総理と会見した。会見時の通訳は、後に外交部長や国務委員を歴任し、現在は中日友好協会の唐家璇《とうかせん》会長である。中国訪問中、西安、上海、杭州、広州などで工場や学校を見学し、幅広く民間交流を行い、友好の絆を結んだ。

【第2次訪中：1974年12月2日〜6日】

北京大学での図書贈呈式に出席した後、鄧小平副総理と会見した。その際、日中友好への願望を語るとともに、同年9月のソ連訪問の際、コスイギン首相が表明した「ソ連は中国と関係改善を望む」意向があることを伝えた。そして、周恩来総理と「一期一会」の会見をした。

【第3次訪中：1975年4月14日〜22日】

北京で鄧小平副総理と再会した。北京大学を再訪し、復旦大学・武漢大学を初訪問し、大学生らと友好交流を行った。

【第4次訪中：1978年9月11日〜20日】

復旦大学の図書贈呈式に出席後、蘇州、無錫、南京を訪れた。その後、北京で故周恩来総理夫人の鄧穎超《とうえいちょう》女史と会見した。また、李先念副主席と2度目の会見をした。

【第5次訪中：1980年4月21日〜29日】

訪問中、鄧穎超夫人の招きで中南海の西花庁を訪れ、故周恩来総理の思い出や、訪日した際の様子などを語り合った。北京大学で『新たな民衆像を求めて』と題する講演をした。また、華国鋒主席と会見した。

【第6次訪中：1984年6月4日〜10日】

北京で鄧穎超夫人と会見した。北京大学と復旦大学の名誉教授称号の授与式に出席し、それぞれ『平和への王道』、『人間こそ歴史創出の主役』と題する講演をした。また、胡耀邦総書記と会見した。胡総書記とは、1983年の来日時に会見しているので、2度目である。

【第7次訪中：1990年5月27日〜6月1日】

前年（1989年）6月の「天安門事件」後、中国は厳しい国際環境にさらされ、中日関係は冷却化していた。そのような状況下で、池田先生は創価学会友好交流代表団を率いて中国を訪問したのである。北京大学は「教育貢献賞」を贈り、池田先生は『教育の道　文化の橋』と題する講演をした。鄧穎超宅を表敬訪問し、故周恩来総理が愛用した象牙のペーパーナイフが友誼の証として贈られた。江沢民総書記と会見し、一緒に「池田大作写真展——自然と平和との対話」を鑑賞した。李鵬《りほう》総理とも会見した。また、東方歌舞団の特別公演を鑑賞した。さらに、中日友好協会の孫平化《そんへいか》会長らと旧交を温めた。

【第8次訪中：1992年10月12日〜17日】

創価学会友好交流団を率いて訪中した。北京で李鵬総理と再会した。中国社会科学院の「名誉研究教授」称号の授与式で『21世紀と東アジア文明』と題する講演をした。中国美術館での東京富士美術館所蔵「西洋絵画名作展」の開幕式に出席した。中国文化部から第1号の「文化交流貢献賞」、敦煌研究院から「名誉研究員」称号が授与された。

【第9次訪中：1994年1月30日〜2月1日】

改革開放の最前線である深圳特区を訪問し、深圳大学で『「人間主義」の限りなき地平』と題する記念講演をした。

【第10次訪中：1997年5月10日〜15日】

中国経済の中心・上海を訪問し、上海大学で「名誉教授」称号の授与式に出席した。さらに、上海市政府を訪問して市幹部たちと会見した。

※

池田先生の訪中は10回だが、中国の国家指導者との直接的な交流は、その後も続いた。2007年4月12日、来日した温家宝総理と都内で会見した。日中国交正常化35周年に当たって万代の友好を願うとともに、故周恩来総理の言葉が確認された。温総理は、「『創価』の思想とは『慈悲』と『創造』と理解している」とし、青年交流、文化交流を一段と進めていくこと等が語り合われた。さらに温総理は、「来日の前に、池田先生の書籍を2冊読ませていただきました。トインビー博士との対談集と、季羨林《きせんりん》博士との対談集です」と語り、「慈航創新路　和諧結良縁」としたためた直筆の書を贈った。

2008年5月8日、国賓として来日した胡錦濤国家主席と都内で会見した。池田先生と胡主席の語らいは1985年、1998年に続いて3度目である。席上、池田先生は「温かい春の旅」となった訪日を歓迎し、胡主席が提唱する「調和世界」のビジョンの実現へ向け、さらなる青年交流の重要性を強調した。胡主席は「日中国交正常化提言」を通して両国の友好に注がれた池田先生の勇気と遠見を高く評価した。そして、中日両国が相互理解を深め、平和的な発展の道を進みゆくことが、アジアと世界の安定のために不可欠であることが確認された。席上、池田先生から胡主席に

国富邦和日日新　家家充裕感恩深
主施仁政行王道　席不暇暖為人民
古来文化漢土求　月氏睿智福共籌
錦繍中華迎旧友　濤声友好万代流

との漢詩を贈られた。日本語に訳すと、

国は富み邦と和し日々新たなり、家々は充裕して感恩深し、
仁政を主施して王道を行う、席の温まる暇なきは人民のためなり。
古来文化は漢土に求め、月氏の叡智に福を共に籌りたり、
錦繍なる中華の旧友を迎えて、濤声の友好は万代へ流る

である。

この漢詩には、池田先生の中国に対する思いの深さがこめられている。その根幹

にあるのは、中国が日本にとって「文化大恩の国」であり、日本はその恩に報いなければならないとの思いである。文化とは象徴的に言えば、漢字であり、仏教ということだろう。

漢字が日本に伝来したのは3〜4世紀とされ、5世紀頃から人名や地名を漢字に当てはめて表記するようになったとされる。また、同時期には中国から直接、あるいは朝鮮半島を経由して道教、儒教、仏教などの宗教・思想が日本に伝わった。中でも6世紀中期に伝来したとされる仏教は、現代に至る日本文化の形成に多大な影響を及ぼしている。

池田先生の「文化大恩」とは、そうした悠遠な時の彼方を指し示している。そして、このような視点や思いから日中友好を説く日本の指導者は極めて少なかった。中国には「水を飲む時に井戸を掘った人を忘れない」という伝統がある。国家指導者から人民大衆まで、この言葉は中国人共有のものである。中日友好の「井戸を掘った人」が池田先生であることは、現代の中国において衆目の一致するところだ。

私には、池田先生が胡錦濤国家主席に贈った漢詩には、以上のような背景があるように思えてならない。

民間交流の柱は「教育、文化、青少年」

池田先生の友好交流は、国家指導者のみならず、民間にも広く及んでいる。特に教育、文化、青少年の3分野での民間交流には目覚ましい実績をのこした。その一端を、ご紹介する。

【教育交流】

池田先生は、「教育は人生の最も神聖なる事業である。私個人も牧口先生、戸田先生の生前の願いを継承し、創価大学、創価学園を創立した。教育のため、自分のすべてを惜しまず貢献することは私の生涯の信念である」と述べている。

ちなみに、創価大学正門前には、創価教育の父・牧口常三郎先生の筆による「創價大學」の石碑が訪れる人を迎える。

その信念に基づき、創価幼稚園、創価小学校、創価学園（中学校と高等学校を含む）、創価大学、アメリカ創価大学、創価女子短期大学を創立し、特色のある創価教育体系を構築して、積極的に国際教育交流を推進してきた。

創価大学は、中国の50以上の大学と学術交流関係を結んだ。外国人留学生と研修教員を受け入れ、外国研究者に学術研究助成を行っている。中でも、日中友好学術研究助成制度は、好評である。当初は、論文助成、出版助成、来日研究助成の3種類だったが、現在は出版助成と来日研究助成の2種類になった。この制度を通して、中国から多くの研究者が来日し、さまざまな研究成果を上げている。

【文化交流】

池田先生が創立した文化交流機関は、多分野にわたる。民主音楽協会、東京富士美術館、東洋哲学研究所、ボストン21世紀センター（現在、池田国際対話センターに改称）、戸田記念国際平和研究所などである。

民主音楽協会は世界100余りの国・地域との文化交流を展開し、中国との交流は特に活発である。70年代以来、民主音楽協会のチャンネルを通じて、中国の音楽芸能団体が日本で1700回余りの公演を行い、観客数は数百万人にのぼる。

創価大学に近接する東京富士美術館は、500回余りの展示で、およそ700万の参観者数を記録している。世界数十か国・地域で企画展を催し、中国関係では1980年代に話題を集めた「敦煌展」をはじめ「大三国志展」（2008年）、「北京故宮博物院展」（2011年）などの大型企画展を開催した。また、「池田大作『自然との対話』写真展」は北京、上海など中国の十数都市を含む世界40余りの国・地域の百数十都市で行われ、好評を博した。

【青少年交流】

1985年、創価学会青年部は中華全国青年連合会と「交流協定」を締結した。それ以来、日本と中国の青少年間の交流は、途切れることなく続いている。ちなみに、当初の頃に訪中した青年部メンバーの多くは現在の創価学会のリーダーとして活躍しているし、訪日した中国の青年の多くが党中央や地方組織の幹部となっている。

青少年交流は、両国の友好関係の未来をさらに確かなものにするための、大事な絆である。また、前述してきたように、創価大学と中国の各大学間の留学制度が、日中の青年の交流を促進している。

中国では、「池田思想」研究を宗教と関連付けて曲解する人がいる。私も創価大学教授ということで、皮肉を言われたことがある。しかし、創価大学には私を含む教員や学生で創価学会の会員でない人も大勢いる。「創価」は「価値創造」に由来し、個人の幸福と共に社会に貢献する価値的な生き方を本義とする。そのような生き方を研究し、学ぶことは、むしろ大学本来の〝あるべき姿〟ではないだろうか。

※

また、中国の大学の招きで池田思想講座を担当した時、一人の学生から「創価学会は邪教だそうですが、どう思いますか？」と質問された。私は驚いて「どこから聞いたのですか？」と尋ねると、その学生は「ネットで見ました」と答えたのである。私は池田先生との出会いや訪中の話を通して誤解を解いていったが、決定的だったのは「創価学会が邪教なら、周恩来総理をはじめ歴代の国家指導者たちが池田先生に会うでしょうか？」との一言だった。その学生は、それで納得し、他の学生たちは拍手で賛意を示した。

私の基本的な立場は「在日中国人学者」であり、自らの信念に基づいて「池田思想」研究を生涯のテーマとしてきた。その結果、中国はもとより日本にも多くの友人ができた。こうした友人の輪が、私の人生を彩ってくれている。そのような人生へと導いてくださった池田先生と創価大学には、筆舌に尽くせないほどの恩義がある。

交流の過程には、しばしば日中両国の政治制度や文化の差異などによって、すれ違いが生じ、トラブルになることがある。そうした場合、私は在日中国人として日中双方の実情を把握し、それを両国の関係者に伝え、さらに友好を促進するように努めてきた。それが、「日中友好の懸け橋」としての使命であるからだ。

2001年に就任した小泉純一郎首相が、中国の国民感情を無視し、A級戦犯を合祀する靖国神社に連続6回参拝したことは、中国の強い不満を引き起こした。その後、両国首脳の相互訪問が5年間も中断し、ハイレベルの交流が停滞したことで国交に暗雲が垂れこめた。この時期、歴史教科書問題、釣魚島（尖閣諸島）問題、東海（東シナ海）の海底資源開発と境界線の問題、旧日本軍の遺棄化学兵器処理問題などが再燃し、日中関係は極度の緊張状態に陥った。

2005年4月、中国のいくつかの都市で「反日」デモが起きた。このデモは、日中関係における新たな特徴を現わしていた。つまり、「大衆」や「世論」が大きな影響を及ぼすアクター（国家以外の行為主体）として登場したのである。そのため、日中関係の構造が益々複雑になり、「文化と価値」の要素だけでなく、「権力と利益」の要素もあることが表出した。この時期の日中関係の基本的特徴は、「政冷経熱」の不正常な状態であった。

この時、私は創価大学や兼任していた大学の学生たちから、さまざまな質問を受けた。そこで、日本の大学生たちに日中関係を正しく理解してもらおうと、2005年の夏休みに学生代表団を結成して訪中することにした。これには創価大学、慶応義塾大学、日本大学、大東文化大学などの学生が参加した。まさに「百聞は一見に如かず」で、学生たちは中国への理解を深め、日中関係の問題点についても認識を深めて帰国した。

2012年4月、石原慎太郎東京都知事が突如、釣魚島（尖閣諸島）の購入計画を発表し、日中関係に大きな衝撃を与えた。9月11日には、野田佳彦内閣が島の

「国有化」を宣告した。これに中国政府は強い反発を隠そうとしなかった。中国国内では大規模な「反日デモ」が起きた。日中関係は、国交正常化以来の最も困難な状態に陥った。この年から翌年にかけて日中両国で政権交代があったが、関係を改善に向かわせる政治的な流れは作り出せなかった。

そのさなかの2012年から2014年にかけて、私は日中両国で「池田思想と日中友好」をテーマとする講座と講演を行った。2013年春には、広西師範大学歴史文化学院の周長山《しゅうちょうさん》院長の招聘で桂林の同大学を訪問し、「池田思想と日中関係」の講座を担当した。また、南開大学マルクス主義学院の紀亜光院長の招聘で、「周桜精神と日中友好」と題する講演を行った。その際、学生団体「南開大学周恩来・池田大作研究会（周池会）」顧問の任命を受けた。翌2014年春には、復旦大学日本研究センターの胡令遠センター長の招聘で、「池田思想と日中関係」の講座を担当した。また、華東師範大学城市発展研究院の羅国振《らこくしん》常任副理事長の招聘で、「池田思想と日中関係」をテーマに講座を担当した。

この十数年間、私は創価大学の教授として勤めながら、中国の大学の兼任教授もしていた。復旦大学日本研究センター兼任研究員（教授）、華東師範大学訪問教授、湖南大学政治・行政管理学院兼任教授、南京理工大学客員教授、広東外語外貿大学客員教授、大連工業大学外国語学院客員教授などである。

毎年、創価大学の春休みを利用し、20以上の中国の大学を訪問し、「池田思想」や日中関係について40余りの講座を担当した。列挙すると、上海杉達学院（2005年、2006年、2007年）、湖南大学、湖南師範大学、湖南科技大学、長沙理工大学（以上2009年）、上海師範大学、厦門大学（以上、2010年）、南昌大学（2011年）、同済大学（2012年）、広西師範大学、南開大学（以上2013年）、復旦大学（2014年～2018年）、華東師範大学（2014年～2019年）、南京理工大学（2015年、2017年、2019年）、東南大学、広東外語外貿大学（以上2018・2019年）、中山大学南方学院（2018年）、大連外国語大学、大連海事大学、大連工業大学（以上2019年）などである。

私は、各大学の教え子の中から、一人でも多く「池田思想」を学び、中日友好に貢献しようと思う学生が輩出してほしいと願ってきた。中国の現代の若者は日本への関心、特にアニメと漫画に象徴される日本文化に興味を抱く人が非常に多いが、それが入り口となって日本への理解が深まってくれれば幸いである。

中国で進む「日本研究」

中国には「日本研究」を専門的に行っている研究機関があるが、以下にその代表的な拠点をご紹介する。

【復旦大学日本研究センター】

復旦大学日本研究センターは、日本国際交流基金の「海外拠点機関助成ユニット」として、中国社会科学院日本研究所および南開大学日本研究院と鼎立する著名な日本研究の3機関の一つとされる。

1990年の設立以来、多くの業績を上げ、高い評価を受けている。当センターには現在、専任研究員12名、学内外の兼任研究員76名が在籍している。また、国内外の著名学者が、顧問教授や名誉教授となっている。

復旦大学出身の私は約20年前から研究員を兼任し、センター長の胡令遠教授の誘いで「中日関係戦略報告書」の研究チームの一員として、２０１６年から毎年、「日本社会」関連のテーマを担当し、中国政府に提出する「日中関係戦略報告書」作成の一翼を担ってきた。

この報告書は、中国研究者が執筆した原稿に、日本研究者のコメントをつけて、日中両国の研究者の見方を反映する形でまとめられ、日中両国の学界で注目されている。

近年は、センター主催の国際学術シンポジウムにも毎年参加し、毎回論文を発表している。

２０１６年9月（17、18日）、復旦大学で「新情勢下の東アジア協力と交流」をテーマとする国際学術シンポジウムが開催された。中国、日本の他にアメリカ、イギリス、ロシア、ニュージーランド、ウクライナ、シンガポール、タイ、インドネシア、マレーシア、ベトナム、カンボジア、ミャンマー、モンゴル等、十数か国の研究者が出席した。

開幕式では片山和之・日本国駐上海総領事などが挨拶し、上海市政治協商会議の周漢民《しゅうかんみん》副主席が基調講演を行った。私は「東アジア情勢変動と日中関係の行方」と題する論文を発表し、東アジア地域情勢の変動及び原因、東アジア情勢変動の日中関係に対する影響、21世紀日中関係の行方の3つの視点から論じた。

2017年11月（11、12日）、復旦大学で開催された「新しい情勢下のアジア太平洋経済統合と中日協力」と題する国際学術シンポジウムに参加した。これには、日本から東京大学、慶応義塾大学、立命館大学、愛知大学、山口大学、亜細亜大学、長野大学、創価大学等の研究者、中国の北京大学、吉林大学、南開大学、華北大学、遼寧大学、対外経済貿易大学、上海交通大学、上海対外貿易大学、上海師範大学、上海外国語大学及び中国社会科学院、上海社会科学院、上海国際問題研究院など、日中両国の多くの研究者が集って、有意義な議論が行われた。

中国外交部元副部長の徐敦信《じょとんしん》・元駐日大使、東京大学の川島真教授が特別講演を行い、創価大学の馬場善久学長が基調講演を行った。私は、「トランプアジア太平洋政策の調整と日中関係の行方」と題する論文を発表した。

2018年6月（23、24日）、復旦大学で「中日平和友好条約締結40周年記念

新型の国際関係と人類運命共同体の構築を共に推し進める」をテーマとする国際学術シンポジウムが開催された。これには、中日両国の政府関係者や研究者約270名が参加した。

中国社会科学院学部主席団の王偉光《おういこう》主席、日本の福田康夫元首相、中国外交部の徐敦信・元副部長が特別記念講演を行った。また学術講演では、中国社会科学院の武寅《ぶいん》・元副院長、中国社会科学院日本研究所の楊伯江《ようはくこう》副所長、上海日本研究会の呉《ご》寄南《きなん》会長、日本の山口大学の纐纈厚・元副学長、東京大学の高原明生教授と川島真教授が登壇した。

私は、在日中国人学者として招聘を受けて参加し、「新時代日中関係発展の重要な啓発――池田大作日中友好範例研究」と題する研究論文を発表した。

【中国社会科学院日本研究所】

中国社会科学院は、中国政府の最大規模かつ最重要なシンクタンクであり、中国社会科学研究の中心的な存在である。

1992年10月、池田先生に名誉研究教授の称号を贈って以来、創価大学との学術交流が続いている。近年は、特に日本研究所との学術交流が増え、元所長で全国政協委員・中華日本学会会長の高洪教授は度々、創価大学を訪問した。現任の楊伯江所長とも交流が続いている。

2018年8月、北京で中国社会科学院主催の「中日平和友好条約締結40周年記念　条約精神を高揚し友好協力を深化する」をテーマとする国際学術シンポジウムが開催された。これには、中日両国の政府関係者や研究者約200名が参加した。開幕式では、戴秉国《たいへいこく》・元国務委員、横井裕・日本国中国駐在特命全権大使、中国社会科学院日本研究所の劉玉宏副所長が挨拶し、中国社会科学院の謝伏瞻《しゃふくせん》院長、日本の鳩山由紀夫元首相が基調講演を行った。学術講演では、中国社会科学院の武寅・元副院長、中国社会科学院日本研究所の楊伯江副所長、日本の五十旗頭真・防衛大学元学長、東京大学の高原明生教授が登壇した。また、創価学会国際総局長の寺崎広嗣副会長は、日本友好団体の代表として招聘を受け、池田先生の「日中友好思想と実践」について講演をした。

私は、在日中国人学者として招聘を受け、「公明党対中友好政策再考」と題する研究論文を発表した。この論文は後に『弘揚条約精神　深化友好協力』と題する論文集に収録され、世界知識出版社から刊行された。

中国の国家レベルの歴史的意義をもつシンポジウムで、池田先生の日中友好の思想と実践について語り、政治学者として池田先生が創立した公明党の中国政策に関する論文を公にできたことは、中国政府及び学術研究界からの評価を得た証しと、喜ばしく思った。

【中国日本語教学研究会】

２０１８年12月、私は、広東外語外貿大学日本言語文化学院の陳多友教授の招聘で、同大学で開催された「新時代中国日本語教学・日本学研究の新目標と新方略」国際学術シンポジウム及び「中国日本語教学研究会２０１８年度学術大会」に参加した。

広東外語外貿大学日本言語文化学院は、中国の日本語教育と研究の先端に位置する。創価大学は、広東外語外貿大学と友好交流を推進してきた。同大学は２００９年に「池田大作思想研究所」を設立し、池田思想シンポジウムを開催している。

陳教授は、広東外語外貿大学日本言語文化学院院長、池田思想研究所副所長、中国日本語教育研究会副会長を兼任し、中国の日本言語文化研究界における中堅である。

中国日本語教育研究会は、中国の各大学で日本語教育研究に従事する教員からなる、全国規模の学術団体である。いま、中国では700以上の大学で日本語と日本文化の教育研究が行われている。その内、北京外国語大学、上海外国語大学、吉林大学、広東外語外貿大学の日本語教育研究は他大学に先んじている。

広東外語外貿大学で開催されたシンポジウム及び学術大会には、中国の主だった大学・研究機関の日本語・日本文学及び日本学の研究者約250名が参加した。

開幕式では、広東外語外貿大学の陳林漢《ちんりんかん》副学長、国家教育部日本語学科教育指導委員会の修剛《しゅうごう》主任、中国日本語教育研究会の周異夫《しゅういふ》会長が挨拶した。基調講演では、北京師範大学の王向遠《おうこうえん》教授、北京外国語大学の徐一平《じょいっぺい》教授、日本の東京大学の小森陽一教授、東京学芸大学の松岡栄志教授、阪南大学の矢倉研二郎教授、立教大学の野田健一教授が登壇した。

私も「新時代中日関係の若干思考」と題する基調講演を行い、池田先生の「日中国交正常化提言」の内容とその意義に言及した。開幕式では、光栄にも東京大学の小森陽一教授と共に、広東外語外貿大学客員教授の任命書をいただいた。

ちなみに、基調講演をした北京外国語大学の徐一平教授は、創価大学に研究滞在をしたことがあり、創立者の池田先生を深く尊敬していた。閉幕式後の祝賀晩餐会では、徐教授の提案で参加者全員が池田先生のご健康のために乾杯をした。

李克強総理来日で「新時代」を迎えた日中関係

日中関係が国交正常化以来の最も困難な状態に陥っていた時、それを打開したのが、中日両首脳の会談だった。

2014年11月10日、北京で行われていたAPEC会議で、習近平・安倍晋三の中日首脳会談が実現した。その3日前（7日）の「4項目合意」を受けての、会談だった。しかし、この「合意」の最大の意義は、「この2年間において、日中関係の最大の障害であった2つの問題（歴史問題と領土問題）に何とか蓋をした」ということにある、と指摘された。

つまり、問題が表面化しないよう対処したに過ぎず、中身が沸騰すれば蓋は外れてしまう。政治や外交には、このように「問題の先送り」で当面の事態解決を図る手法がとられることが多い。したがって、問題の根本的な解決がなされないまま、半永久的に続くことになる状態が続いている。

とは言え、この会談後、両国間の交流と協力は徐々に活発になってきた。２０１５年に入ってからは、関係改善を巡って、さまざまな動きがあった。４月のバンドン会議では、２回目の習近平・安倍晋三首脳会談が行われた。11月に韓国で開催された中日韓首脳会議では、李克強総理が安倍首相と会談を行った。

２０１７年は、両国の首脳がそれぞれ政権基盤を強固にした年で、中日関係の「新時代の到来」を予感させた。

中国では、10月の共産党第19回大会で新しい指導体制を確立し、「改革開放の新時代」を開始した。一方、日本では10月に３期目を迎えた安倍首相が長期安定政権への地歩を固めた。安定的で有力な政治指導層があるというのは、互いに新しい戦略的チャンスを提供できることを意味する。

２０１８年5月、日中関係好転の中、李総理が日本を訪問した。東京都内で日本の7団体主催の李総理訪日歓迎のレセプションが盛大に開催された。各界の代表及び在日中国関係者等１０００人以上が参加した。これには創価学会関係者及び創価大学首脳陣が招かれ、私も創価大学の中国人教授として参加した。

池田先生は、創価学会の原田稔会長を通じて歓迎の意を表すとともに、

無限風光在桃李　幾番克捷雪霜寒
強肩一任強国夢　犹記当年握手歓

という漢詩を贈った。李総理は、中国青年代表団副団長として訪日した際、池田先生と会ったことがある。

原田会長に、「私は33年前に池田先生とお会いしたことをはっきり覚えています。衷心より池田先生のご健康をお祈りします」との伝言を託した。

そして、返礼として「金橋永固　風範長存」としたためた直筆の書を池田先生に贈った。この書は、中国政府はこれまでと少しも変わることなく、池田先生の中日

友好に対する傑出した貢献を高く評価することを示している。

池田先生が懸けた日中間の〝金の橋〟をさらに強くし、日中友好新時代を開くために2018年9月、創価学会代表団が中国を訪問した。原田会長を総団長とし、各都道府県のリーダーの代表総勢100人を超える大型訪中団だった。代表団は北京での諸行事に臨んだ後、上海、天津、広州、大連の各都市に分かれて、幅広く友好交流を行った。

9月25日、王岐山《おうきざん》・国家副主席が代表団を北京の中南海へ招き、会見した。王国家副主席は、日中関係について「曲折を経たが、大事なのは変革の時を迎えていることだ。良い方向に転換していく局面だ」と述べ、関係改善への意欲を示した。

中国指導部の実力者、王国家副主席が創価学会代表団を招いて会見したことは、中日の国家間のみならず、創価学会との中日友好もまた「新時代」を迎えたことを意味している、と私は考える。

「対話」こそ、平和の王道

池田先生は、第30回「SGIの日」記念提言（2005年1月26日）で、アメリカの同時多発テロ事件（2001年9月）以来のグローバルな緊張状態が続く中で、「対話」の重要性を強調された。

その一例として挙げたのが、1974年の中国（2回）と旧ソ連への相次ぐ訪問である。当時、両国間の対立が激化し、一触即発の緊張下にあった。池田先生は両国首脳に会い、誠心誠意の対話を重ねた。

池田先生は、こう記している。

「当時の日本では、ソ連の人々に対する敵対意識が激しく、『なぜ宗教者が宗教否定の国へ行くのか』といった批判も数多く受けました。しかし、世界の約3割を占めていた社会主義諸国の存在を無視したままで世界平和の展望を描くことはできず、その状態を一日も早く打開しなければならないというのが、仏法者としての私の偽らざる思いだったのです」

「個人の人間関係も、近隣の交際も、さらにまた、国際的な関係も、会って、対話し、互いを知ることが一切の基本である。人と会う勇気、語る勇気をもつことだ！

『対話の選択』そのものが平和の勝利であり、人間性の勝利であるからだ。

ゆえに私は、国家、民族、宗教、イデオロギー、世代、性別、立場の差異を超え、一個の人間として、あらゆる人びとと会ってきた」

池田先生と世界の知性との「対話」は主なものだけでも1600回を超え、発刊された世界の識者との「対談集」は75点に及んでいる（2021年8月時点）。

※

21世紀に入った、まさに〝その年（2001年）〟に発生したアメリカの同時多発テロ事件は、「戦争の世紀」と総括された20世紀に引き続き、人類が世界戦争（すなわち核戦争）の恐怖にさらされることを示唆した。また、世界宗教であるキリスト教とイスラム教との「宗教戦争」という一面も露わになった。

1996年6月に中米・コスタリカで開催された「核兵器――人類への脅威」展の開幕式のスピーチで、少年・少女を含む参加者に池田先生は次のように語った（抜粋）。

「〝あらゆる暴力の否定〟が創価学会の永遠の信念であります。

牧口初代会長と戸田第2代会長は、第2次世界大戦中、日本の軍国主義に絶対反対を訴え、ともに投獄されました。牧口は、73歳で獄死しております。

そのあとを継いだ第2代の戸田は、核兵器の拡大競争が激化するなかで、1954年、逝去の前年に、『原水爆禁止宣言』を発表いたしました。恐るべき〝大量死〟の時代を招いた『核兵器の脅威』に対して、恩師は、真っ向から挑み、世界の民衆の『生存の権利』を、師子のごとく叫んだのであります。

『生命の尊厳』の思想を時代精神にまで高め、広げていく――これが、恩師が私たち青年に託した『第一の遺訓』であります。

ゆえに、私も、微力ながら『平和』への対話と友情を世界にむすんでまいりました。

焦点は、〝核の力〟よりも偉大な〝生命の力〟を、いかに開発させていくかであります。そして、〝核の拡大〟よりも強力な〝民衆の連帯〟を、どう拡大していくかであります」

このスピーチの25年後、戸田第2代会長の「原水爆禁止宣言」から67年後の20

２１年1月22日、国連が創設の翌年（１９４６年）に総会の「第1号決議」として採択した「核兵器等の廃絶」から75年にして「核兵器禁止条約」が発効した。

　そして、その4日後に発表された第46回「ＳＧＩの日」記念提言で、池田先生は「未完の課題となってきた核兵器の廃絶に対し、ついに条約として明確な道筋をつけた意義があります」と述べ、最初の締約国会合に日本が参加し、唯一の戦争被爆国としてのメッセージを発信することで議論を建設的な方向に導く貢献を果たすよう呼び掛けている（「聖教新聞」２０２１年1月26日付）。

「ＳＧＩの日」記念提言は、創価学会インタナショナル（略称ＳＧＩ）の発足日（１９７５年1月26日・ハワイ）を記念して、１９８３年以来、創価学会の機関紙「聖教新聞」紙上で発表されてきた、長文の提言である。ここでは仏教的視座からの、平和・軍縮・人権・環境などの世界的諸問題の解決に向けた具体的な提案がなされている。

　池田先生のスピーチやメッセージ、世界の知性との対談には、深い洞察に基づく確かな現状把握と未来への展望・希望がこめられている。その多くは、世界最大級の個人全集として2015年7月に完結した『池田大作全集』(全150巻・聖教新聞社刊)に収録されているが、無論、それに収まりきれていない著述も数多ある。『全集』は、私たち「池田思想」研究者にとって第一級のテキストである。

「池田思想」から考察する中国の未来

池田先生は、第一章で詳述したように、中国の「池田思想」研究者に向けたメッセージの中で、中国の未来への期待や国際社会での役割をたびたび明示された。

湖南師範大学での第3回池田大作思想国際学術シンポジウム(2007年)に寄せたメッセージには、「『儒教ヒューマニズム』と『仏法の人間主義』とに通い合う、普遍的な人間尊厳の思想は、多様性に富む人類が平和的に繫栄する『多元文化と世界調和』を構築するための精神の大地となる」と述べられた。

さらに、中山大学での第6回池田大作思想国際学術シンポジウム(2010年)でのメッセージの中で、儒学思想の古典『礼記』の「大同」という言葉を引用し、「大同思想の淵源をたどっていくなら、さまざまな思想体系が生まれるよりもさらに以前の『民衆の智慧』に求められる」と言及された。

大同思想とは、儒教の始祖・孔子が思い描いたと伝わるユートピア（理想社会）思想である。大同社会は、『礼記』では「権力を独占する者がなく平等で、財貨は共有となって生活が保障され、人々は充分に才能を発揮でき、犯罪も起きない世の中」とされる。まさに、すべての国家が目指すところであろう。

政治学者としての私の専門分野は、国際関係研究、アジア地域研究、日中関係研究などである。そして、私の視野は日中関係からアジア地域へと拡がりつつある。

序章でも述べたが、改革開放後の中国では経済成長によって拝金主義、享楽主義、利己主義がはびこり、モラルの低下や社会不安を招いた。また、政治分野では一部の特権階層の腐敗が指弾されている。今年（2021年7月）、結党100年を迎える中国共産党は、新時代に向けた内政や国際社会との和諧（調和）に関するさまざまな課題を抱えている。一方、習政権は建国100年にあたる2049年までに「中国の夢」を実現するとしている。

そこで、池田先生がメッセージの中で述べた「儒教ヒューマニズム」に基づく徳治（道徳を基盤にした政治）が、未来の中国を語るうえで極めて重要になると、私は考える。

さらに、池田先生は「21世紀前半で、アジアをはじめ世界の平和の基盤をつくり、21世紀後半で『生命の尊厳』を時代精神、世界精神へと定着させる」と未来構想を述べている（2000年12月14日のスピーチから抜粋、『池田大作全集』第92巻所収）。

21世紀の100年を展望した、池田先生のこの発言は、中国にとっても重大な意味をもつ。特に、中国の「人口問題」が大きな課題と思う。21世紀前半、すなわち2050年までに世界人口は97億人に迫り、その約3分の1を中国とインドの2か国が占めると推定されている（2020年、国連推計）。中国は1979年から30年間にわたり行われてきた人口抑制政策（一組の夫婦につき子どもは一人まで。いわゆる「一人っ子政策」）によって人口増加が抑えられてきた。現在、中国は世界最大14億の人口を抱えるが、これから、中国は人口抑制を解除しても、経済や社会意識の変化などの原因で、人口が減少する傾向に転じると予測されている。中国政府が2020年に実施した国勢調査では、65歳以上人口が総人口に占める割合が13・5%であった。年内（2021年）にも14%を超え、高齢社会に突入すると確実視されている。中国が抱える少子高齢化は顕著となってきた。

この少子高齢化は、労働生産力が低下し、貧富の差が拡大するなど、人々が未来に希望がもてない社会を招きやすい。特に未来ある若者にとっては、生きにくい世の中であろう。このような国民の不安を解消するには、政治が明るい未来ビジョンを打ち出すことが求められる。しかし、「危機の時代」にある国際情勢下では、未来展望は描きにくい。

俗にいう「国家百年の計」とは、中国の古典『管子』の「一年先を考えるならば穀物を植えるのが良い。十年先を考えるならば木を植えるのが良い。百年先を考えるならば人を育てるべきである」（日本語訳）に由来する。

ここでは詳しく記さないが、池田先生は前述の未来構想で23世紀半ばまでを展望されている。そのような「遠見」は、おそらく仏教史観に基づくものに違いない。

「仏教有縁の地」であるアジア諸国では、深刻な国家間対立が続いてきた。朝鮮半島は北朝鮮と韓国の間に、中国では台湾海峡両岸の人々の間に、インドは分離したパキスタンとの間に、それぞれ政治的対立の根深くて長い歴史がある。さらに、中国とインドは国境を巡って対立関係にある。

しかも、北朝鮮、中国、インド、パキスタンは、核保有国である。世界の核保有国は現在、8か国（他にイスラエルは保有の疑いが、イランは兵器開発疑惑がある）だが、その内の半数がアジアの国々だ。世界平和にとってアジアの平和、中でも中国の政治動向は極めて重要と言わざるを得ない。

中国は近代化を進める過程において、近代日本の「富国強兵」の政策がもたらしたものを教訓として、「強兵」の道を歩んではいけない！「富国強民」の道を歩むべきである。経済成長とともに、一般庶民の生活を豊かにする「共同富裕」を目指すべきであろう。これは、平和と発展の道である。

コロナ禍を「人類共生」の転機に

2020年1月、新型コロナウイルスが蔓延し始め、世界中で猛威を振るい、人類に深刻な影響をもたらした。世界の感染者は約1億9788万人、死者は約42万人にのぼり、収束の兆しは未だ見えない（2021年8月1日時点、米国ジョンズ・ホプキンス大学集計）。

新型コロナウイルスの感染拡大は、グローバル化によって引き起こされたとの指摘がある。予想よりも早くウイルスが伝染していることは、グローバル化でいかに「ヒト、モノ、情報」の交流が激しくなったかを示している。だからといって、いまさら逆行するのは難しい。豊かさや幸福という価値観がグローバル化と結びついている以上、その流れは止まらないだろう。

コロナ禍は一国レベルで解決するのは不可能で、今回ほど極めて切迫した状態で人類レベルでの連帯が必要になったことはあるまい。一国だけが感染を封じこめたとしても、他の国で広がっていればいつまでも収束には至らない。自分たちさえ良ければいいとの「一国主義」的な考えは、もはや通用しないのである。

前述の第46回「SGIの日」記念提言のタイトルは、「危機の時代に価値創造の光を」だった。提言の冒頭、世界が今、深刻化する気候変動の問題に加えて、新型コロナウイルスの感染拡大とそれに伴う社会的・経済的な混乱に直面している状況について言及。危機が日常化する中で、社会の裏面に埋没しがちになっている「さまざまな困難を抱えた人たち」の存在に目を向け、苦しみを取り除くことの大切さを仏法の視座から強調している（「聖教新聞」）。

提言では、人類が初めて感染症の克服に成功した事例（1980年の天然痘の根絶）を挙げ、池田先生の友人である核戦争防止国際医師会議の共同創設者バーナード・ラウン博士の言葉を紹介している。「核兵器による先制攻撃を想定したミサイルを大量製造していた、まさにその時に、アメリカとソ連の医師たちは協力して、天然痘の根絶のために奮闘していたのです。この団結の姿は、核兵器の反対運動においても大きな説得力をもつモデルを提示しています」（抜粋）

「危機の時代」を乗り越えるために、意識変革の大切さを私は痛感している。池田先生は、「『国家中心』から『人間中心』へ、そして、『世界は一つ』と考えていくべき時がすでにきているはずだ。そのために必要なのは、人間の多様性を尊重し、調和と融合を図り、人類を結び合う生命の哲学だ」と訴えておられる。

いま、人類は大きな岐路にさしかかっている。何年先かは分からないが、後で振り返ってみてコロナ禍が「人類の連帯」を強め、〝人類共生〟の大道を歩み始めた契機になったと言える日を私は待望する。「禍転じて福」である。

これからの新しい時代を創造し、新社会を構築していく主役は、若者である。私は日中両国の大学で40年以上にわたって教壇に立ってきたが、学生たちの若いパワーにいつも感心させられ圧倒される。「後生畏るべし」である。若者には未来があり、希望がある。

第四章

創価大学と私

創価大学では毎年4月、観桜会が開催されている。この桜は「周桜《しゅうざくら》」「周夫婦《めおと》桜」で、日中友好の象徴である。「周桜観桜会」は1979年以来、東日本大震災の年(2011年)とコロナ禍の年(2020年)を除く毎年、行われてきた。

私は創価大学に勤務するようになってから、毎回、参加させていただいている。そのたびに、日中友好の原点を思い起こし、胸が熱くなる。

その原点とは、創立者・池田大作先生と中国の周恩来総理との「一期一会《いちごいちえ》の縁」である。第2次訪中で北京を訪れていた1974年12月5日、池田先生と周総理との会見が実現した。当時、周総理は重病で入院中だったが、病院に池田先生を招いた。その折、周総理が懐かしそうに「五十数年前、桜の咲くころ、日本を発ちました」と追憶の情をたたえつつ語ると、池田先生は「ぜひ桜の咲くころに、またいらしてください」と訪日を促した。しかし、周総理は「その願望はありますが、実現は無理でしょう」と言った。

翌1975年4月、創価大学は日本で初めて中国人留学生6名を迎えた。日本の大学に中国の国費留学生を入学させるのが困難な時に、池田先生は自ら身元保証人になられて実現したのである。池田先生は、留学生たちに周総理との会見の模様を紹介し、「周総理は『日本の桜を見たい』とおっしゃられました。周総理のために、日中の学生でキャンパスに桜を植えましょう」と提案された。同年11月2日、留学生が植えた桜の苗に、池田先生は「周桜」と名付けた。その2か月後の1976年1月8日、周総理は永眠された。

1978年の創大祭で、池田先生は「桜の花の咲くころに来日される鄧穎超女史を、花見の会を開いて歓迎しましょう」と提案された。鄧女史は、周恩来夫人である。翌1979年4月、中華全国青年連合会の代表団一行が創価大学を訪問し、池田先生は高占祥団長と2本の桜を植樹し、「周夫婦桜」と命名された。

4月9日、創大中国研究会の学生と在籍中の中国留学生らが集って、「花見の会」が開催された。その3日後、池田先生は鄧女史の滞在先である迎賓館を訪れ、親しく懇談をされた。その際、池田先生は桜の花と中国研究会の学生が作成した「周桜」のアルバムを持参し、会見に臨まれた。

この「花見の会」を第1回として、「周桜観桜会」が創価大学の伝統行事となったのである。これには中国大使館の方々、日中両国の関係者及び創価大学の教職員、学生の代表らが集い、周総理と池田先生の「一期一会の縁」を確認し、「桜花《おうか》の縁《えにし》」という歌を合唱して、さらなる日中友好を誓い合う。

なお、「周桜観桜会」は、中国研究会をはじめ日本舞踊部、華道部、映画研究会、美術部、滝山太鼓部、放送部、箏曲部、写真部、書道部、茶道部、演劇部等、学生団体の協力のもとで行われている。そして、桜の季節になると、この「周桜」を愛でるために多くの人々が創価大学のキャンパスを訪れている。

本章では、私と池田先生及び創価大学との「縁」を中心に述べてみたい。

文化大革命に翻弄された時代

私は1953年8月、中国で最も豊かな都市・上海で生まれ、比較的恵まれた環境で育った。小学6年生（13歳）だった1966年5月、文化大革命が起きた。中央指導部の権力闘争や社会対立など中央から地方まで極めて複雑な政治社会状況が現れ、1968年までの2年余りの間、武闘による全国規模の内乱が続いた。

その影響を受け、私の中学校への進学は半年以上も遅れた。入学後も授業停止の状態が続き、それを打開するために同級生と共に授業の回復を学校に要請した。しかし、当時の情勢では不可能だった。幸い、学校図書館の管理員先生の特別配慮で、本をひそかに借り出すことができ、また友人からもいろいろな本を借りて、自由な読書生活を過ごすことができた。『紅楼夢』『三国志演義』『水滸伝』『西遊記』等の中国古典小説、魯迅、巴金《ぱきん》、茅盾《ぼうじゅん》等の現代有名作家の作品及び近代欧米の文学作品である。その他、歴史、哲学など文科系の知識は独学によって吸収していたが、数学、物理、化学など理科系はあまり勉強することができなかった。

本来なら私は、1969年に中学校を卒業して高校に進学するはずだったが、同世代の人々のように高校への進学ができなかった。それは毛沢東が指示した「知識青年は農村へ」という、いわゆる「下放」政策のためだった。この政策は1968年に始まり、年間260万人前後が農村に下放された。

1970年4月2日、16歳の私は上海港から船に乗り、約2日かけて江西省九江市の港に着き、さらに九江市からトラックで約1日かけて目的地の修水県何市人民公社（現在は何市鎮）にたどり着いた。

上海という大都会から突然、江西省修水県の貧しい山奥の村に下放され、私は大きなカルチャーショックを受けた。古い土壁造りの農民宅に住み、農民と一緒に農作業の重労働をし、粗末な食事をとった。春荒れの時は、食料不足のため山に登って山菜を掘り、食料に充てた。また、農作業時に、過労で倒れ、病院に運ばれたこともある。

下放青年たちは、厳しい生活環境の中でさまざまな苦労をした。耐えられずに上海に逃げた人もいたが、私はどんな苦労でも逃げず、挫けず、苦労に耐え、苦労を乗り越えていく決意をして努力を続けた。昼は畑で働き、夜はランプの光のもとで本を読んだ。そうした努力が評価され、下放後1年足らずで生産大隊の副大隊長に選ばれ、1年半後には何市人民公社の知識青年団体「5・7連」の連長に選ばれ、500人以上の知識青年のリーダーになった。そして、2年半後には修水県政府知識青年弁公室の幹部に抜擢された。

約4年間の農村での生活を通じて私は、農村の貧しさを実感し、農民こそが中国

江西省修水県の農村に下放中の著者。乗っているトラクターは優秀な知識青年団体に贈られたもの（1972年）

社会の基盤を支えている重要な存在であることを深く認識した。

農村への下放中に、文化大革命は転機を迎えた。1971年9月、「林彪《りんぴょう》事件」（中国の通説では、毛沢東の後継者・林彪がクーデターに失敗し、国外脱出した時に飛行機の墜落で死亡したという事件）によって、文化大革命の第1時期が終了した。その後、軍隊の影響が後退し、周恩来総理を中心とする実務派は経済の調整や社会秩序の回復を図った。同時に、国際情勢に新しい重大な変化が現れた。特に1972年のニクソン米国大統領の訪中に伴う中米関係の改善は、国際関係の変化に大きな影響をもたらした。

新しい情勢下、周総理の指示で中国各地の大学は徐々に授業回復に向かい、部分的に学生を募集し始めた。1973年の春、私は江西省修水県の推薦で大学入学試験を受験した。試験科目は政治、作文、数学だったが、合格後に審査を経て復旦大学に入学することができた。復旦大学は115年の歴史があり、北京大学や清華大学と肩を並べる、優秀な人材を輩出してきた名門大学である。

憧れの大学の入学通知書を受け取った時、私は人生の新しい転換がやってきたと思わず感動の涙を流した。

池田先生の存在を知る

20歳の時、故郷の上海に戻り、復旦大学国際政治学部（現在は国際関係・公共事務学院）に入学した。国際政治学部は、周総理の指示で1960年に設立された政治学部を基盤に、1964年に新設された学部である。当時、中国で「国際政治」という名称を冠した学部があったのは復旦大学、北京大学、中国人民大学の3大学だけだった。

私が国際政治に関心を抱いたきっかけは、下放中に中米関係改善を知ったことと、ラジオ放送で聞いた「中日国交正常化」のニュースである。

1972年9月のある日、ラジオ放送を聞いていた私は、中国中央人民放送局のアナウンサーが声高に読み上げる中日両国の「共同声明」に驚きを禁じ得なかった。

「日本側は、過去において日本国が戦争を通じて中国国民に重大な損害を与えたことについての責任を痛感し、深く反省する」

「日本国政府は中華人民共和国政府が中国の唯一の合法政府であることを承認する。中華人民共和国政府は、台湾が中華人民共和国の領土の不可分の一部分であることを重ねて表明する。日本国政府は、この中華人民共和国政府の立場を十分理解し、尊重し、ポツダム宣言第八項に基づく立場を堅持する」

「双方は平和共存の諸原則の基礎の上に両国間の恒久的な平和友好関係を確立す

る」

「相互の関係において、すべての紛争を平和的手段により解決し、武力又は武力による威嚇に訴えないことを確認する」

「中国政府は中日両国国民の友好のために、日本国に対する戦争賠償の請求を放棄する」

「相互に善隣友好関係を発展させる」

この「共同声明」は、近代以来の中日関係史上、画期的で重大な転換を物語っていた。

しかし、この転換は突然に到来したわけではない。第2次世界大戦終了後、米ソ冷戦・二極対立の国際構造のもと、1952年4月に日本政府はアメリカの圧力を受け、台湾当局と「日華平和条約」を締結し、いわゆる「外交関係」を樹立した。その後、20年間にわたって中日両国の外交関係は、「不正常」な状態が続いていた。1970年代に入ると、中日両国共に内外情勢の変化に伴い、国交正常化を求める声が高まった。特にニクソン米国大統領訪中などの米中接近は、中日関係の変化に大きな影響を与えた。

1972年9月、田中角栄首相が中国を訪問し、毛沢東や周恩来などの国家指導者と会談した。同月29日、中日両国は「共同声明」を発表し、国交正常化が実現したのである。

両国は敵対の国から友好の国へ、対立の国から協力の国へと変わった。この急激な転換は、19歳の私にとって衝撃的だったが、海の向こうの島国の日本に対して漠然とした興味を抱いた。しかし、中日国交正常化のニュースを聞いた時の興奮は、ほどなく冷え込んだ。辺鄙な山奥にいる私にとって、友好国になった日本はまだ遠い存在だった。

そんな私が、大学入学後に日本語を学ぶようになったのは、必然的だったというべきかも知れない。国際政治学部の第1外国語は英語だったが、中日交流のための人材育成が急務となり、日本語を第1外国語に変更する調整が行われたのである。そのため、私は否応なく日本語を学習することになった。

当時の大学生、特に農村への下放を経験した人は、「何のために学ぶのか？」という問いに対する答えは明確だった。それは「人民のため」で、労働を共にし、お世話になった貧しい農民の方々のために学びたいと思ったのである。

私は在学中、国際関係の授業を受けた他に、放課後は大学の図書館か学部の図書資料室で過ごした。国際関係の専門書や日本に関する本、そして共産党の機関紙「人民日報」や「参考消息」などに眼を通した。中でも「参考消息」は、国際社会

復旦大学に入学後の冬休みに北載河への旅行中の著者。母親が手づくりの布製の靴を履いていた（1975 年）

の重要なニュースを報じる内部発行の新聞で、読むことができたのは一部の人だった。

大学2年生だった1974年12月のある日、大学の図書館で「人民日報」を手にとると、その1面に周恩来総理と池田先生の会見を報じる記事が掲載されていた。

周総理は「人民の好い総理」と呼ばれ、中国大衆に慕われた国家指導者である。「人民のために奉仕する」との信念で、新中国建設に命懸けで取り組んできた人物である、と誰もが知っていた。その総理がわざわざ会見した池田大作という日本人は、どんな方なのか?と興味を抱いた。友人に尋ねたが、誰も知らなかった。その方が日本で「日中国交正常化提言(池田提言)」を行い、中日友好に貢献していることを教えてくれたのは、大学のある教員だった。

私は「池田提言」を詳しく調べようと、図書館や資料室に通った。すると、1968年9月11日付けの「参考消息」の1面に、大きな報道記事を発見した。記事は、その3日前の9月8日に池田先生が創価学会第11回学生部総会の席上、約2万人の青年学生を前に約80分間の講演を行い、そこで「日中国交正常化」への提言がなされたことを詳述していた。

講演内容は、

①中国問題こそ世界平和実現の鍵
②中国を国際的討論の会場へ
③毛沢東主義はむしろ民族主義
④早急に日中首脳会談を
⑤世界民族主義の理念実現へ
⑥中国の国連参加へ力強い努力を
⑦日中貿易拡大への構想
⑧吉田書簡は廃棄すべし
⑨アジアの繁栄と世界平和のために

という9節から構成される。

日中関係の問題を解決するため中華人民共和国を正式に承認し、日中国交正常化を実現すること、国連における中華人民共和国の正当な地位を回復すること、日中両国の経済文化交流を推進すること、という3つの提案を骨子としている。

この講演は、中日関係史において「池田大作日中国交正常化提言（池田提言）」と呼ばれている。その後、同年12月、池田先生は『月刊アジア』誌で「日中正常化への提言」という論文を発表された。この論文は講演の内容を補完し、「池田提言」と一体化した。

当時、日本政府（佐藤栄作内閣）は「親台（湾）反中（国）」の政策を実施していた。そうしたなかで「日中国交正常化」を口にするのは、非常に勇気が要ることだった。まして池田先生は、日本最大の宗教団体のトップであり、発言の影響力は極めて大きい。創価学会本部周辺には連日、抗議をする右翼団体の街宣車が現れ、反創価学会の一部のマスコミや宗教団体は非難の矛先を鋭くした。

実は、中国政府は早い段階で「池田提言」の内容を入手していた。周総理は「池田提言」を重視し、非常に高い評価を与えた。「講演内容は大変素晴らしいものであった。尊敬と感動に値する内容だった」と語ったという。私は、周総理がこれほど高く評価する人物に対して関心を深めたのである。

「一期一会」の会見

私が「人民日報」で読んだ周総理と池田先生の会見は、「一期一会の会見」として語り継がれている。池田先生は後年、この時のことを度々、文章に書き留められているが、私は「人民日報」が報じた記事内容に沿って、会見のあらましを記してみたい。

この歴史的会見は、1974年12月5日夜9時50分から10時20分にかけて、北京の305病院で行われた。

当日の午前中、池田先生は鄧小平副総理と会った。その際、池田先生は周総理へのお見舞いの伝言を託し、周総理の病状について尋ねた。鄧副総理は「周総理は入院しており、病状は重く、重要問題だけ報告し、状況がいい時だけ指示を仰ぐ」と返答した。

当日の夜の答礼宴で、中日友好協会の廖承志会長から周総理との会見が伝えられた。池田先生は周総理の病状が重いと聞いていたため、いったん辞退したが、周総理の強い希望によるものと知り、会見に臨むことにした。

池田先生を乗せた車が305病院に到着すると、周総理は厳しい寒さの中、玄関で立ったまま出迎えた。周総理は池田先生の手を握りしめ、「どうしてもお会いしたいと思っていました。お会いできて本当にうれしいです」と語った。

その後、周総理は池田先生はじめ代表団一行との記念撮影を行った。その写真は、翌6日付「人民日報」1面に、「周総理、池田大作会長など日本の友人と会見」との見出しと共に掲載された。

会見の際、周総理は、池田先生及び創価学会と公明党の中日友好に対する貢献を評価し、感謝の意を表しつつ、「中日平和友好条約の早期締結を強く希望する」と表明した。さらに、「いま、中国はまだ経済的に豊かではありません。しかし、将来中国が経済的に発展し、強大になったとしても、決して超大国にはなりません。20世紀の最後の25年間は世界にとって最も大事な時期です。すべての国が平等な立場で助け合わなければなりません」と述べた。そして、「今後われわれは、世々代々にわたる友好を築かねばなりません」と強調した。

会見は約30分に及び、周総理は会見終了後、池田先生一行と別れを告げると、病身を支えられながら玄関まで見送った。

池田先生は宿泊先の北京飯店に戻ると、「今日という日は、歴史的意義のある日となった。生涯忘れがたい一日となるでしょう」と述べたという。

その2年後の1976年1月8日、周総理は77年の生涯を閉じた。冒頭に記したように、会見の時に「ぜひ桜の咲くころに、またいらしてください」と訪日を促した池田先生の言葉に、「その願望はありますが、実現は無理でしょう」と答えた周総理の言葉は現実のものとなった。「一期一会の会見」といわれるゆえんが、ここにある。

当時76歳の周総理が、30歳も年下の池田先生を入院先に招いたのは、「今後の中日友好を託するに足る人物」と認めていたからに他ならない。それは、池田先生が率いる創価学会が民衆を基盤に発展してきたからである。周総理は創価学会を「民衆の中から立ち上がった団体」として高く評価し、その若き指導者・池田先生の言動に注目していたという。

池田先生は後に、会見での周総理の言葉を、「21世紀の中日友好を断じて成し遂げてほしい――私はすべてを『遺言』と受け止めた」と述懐されている。

池田先生との出会い

1976年、私は復旦大学国際政治学部を卒業し、同学部の助教を務めながら翌年、国際政治専攻の修士課程（試行）に進学した。王邦佐教授の指導のもとで国際政治の理論と歴史などを、さらに王教授に紹介していただいた復旦大学世界経済研究所の著名な日本研究者・江沢宏《こうたくこう》教授の指導のもとで日本の歴史文化、政治経済関係の勉強をした。修士課程の教育実習として、「三つの世界理論」、「日中関係」などのテーマで、学部生に講義したこともある。

1978年8月、中日両国は「中日平和友好条約」を締結し、両国の平和友好の法律的枠組を確立し、両国関係は「蜜月期」ともいわれる友好協力期に入った。同年10月、中国指導者として初訪日した鄧小平副総理は、条約批准書の交換式に出席し、対日重視の姿勢を示した。両国は、平和友好関係の迅速な発展を促進することとなった。

その間の9月13日、復旦大学に池田先生と創価学会（第4次）訪中団が訪れた。その前日、私は復旦大学外事処の準備会議に参加し、担当者から「明日の図書贈呈式で、学生代表として謝辞を述べるよう準備してください」との指示を受けた。4年前に「人民日報」の記事で知った池田先生にようやくお会いできると思い、私の胸は高鳴った。

池田先生が復旦大学に図書贈呈をされるのは、2度目である。最初は1975年の第3次訪中（4月14日～22日）の折で、私は大学2年生だった。その際、池田先生は、北京大学、復旦大学、武漢大学を訪問し、復旦大学で2000冊の図書贈呈を行った。

復旦大学への2度目の図書贈呈式は、物理楼2階の「外国貴賓接待室」で行われた。復旦大学側は、数学者・蘇歩青《そふせい》学長、歴史学者・蔡尚思《さいしょうし》副学長、中国古典文学者で図書館館長・郭紹虞《かくしょうぐ》教授、世界経済学者・余開祥《よかいしょう》教授など一流の大学者が顔を揃え、教員や学生の代表が日本からの賓客を熱烈歓迎した。

挨拶に立った池田先生は、「今回の第4次訪中は、日中平和友好条約の締結と符節を合わせることになり、これ以上の喜びはない」と語り、「今回も私の真心として、日本の図書1000冊を寄贈させていただく、貴大学の皆様に少しでもお役に立てていただきたい」と述べた。さらに、「教育の交流こそ、日中両国の文化を豊かにし、明るい未来創造の力となっていくものである。この意味からも中国の多くの方々が創価大学に来学されることを熱烈に歓迎したい」と表明した。この後、池田先生から蘇学長に、図書1000冊の贈呈目録並びに図書の一部及び記念品が手渡された。

続いて、蘇学長は訪中団に熱烈歓迎の意を表した後、「1975年に続く訪中団の来訪は、中日両国人民の新しい友情の発展を象徴するものである」と語り、「池田先生の中日友好を守り発展させるために払われた絶え間なきご努力を評価するとともに、池田先生の一貫して中日平和友好条約の締結を支持された正義的な立場に対して深い感銘を抱いている」と述べた。さらに、「この条約の実施は、必ずや中日両国の友好善隣関係を子々孫々にまで伝え、引き続き新たな輝かしい歴史を書き加えていくものと確信する」と論じ、「1975年に池田先生から送られた200

0冊余りの図書は非常に価値のある資料になっている」と讃え、今回の図書贈呈に復旦大学を代表して感謝の意を表した。

その場で、私は復旦大学の学生代表として謝辞を述べた。日本語は読めても話すことは上手でなかったので、ドキドキしながら「ようこそいらっしゃいました」「図書の贈呈、本当にありがとうございます」と謝意を池田先生に申し上げた。

贈呈式後、交流会が行われた。その際、池田先生に「学食は美味しいですか?」と尋ねられ、私は「美味しいです!」と答えた。国賓ともいうべき立場の方が学食を話題にされ、私のような一学生にまで心を配ってくださったことに驚いた。この時、私は遠い存在と思っていた池田先生や日本を身近に感じることができた。

大学では日本に関するさまざまな知識を得ていたが、それらは心を揺り動かすほどのものではなかった。しかし、池田先生との短い会話は、私の心の中に強烈な印象として残ったのである。そして、私は日本への留学を望むようになった。

当時の中国は、改革開放の直前だった。1976年1月から9月にかけて周恩来、朱徳《しゅとく》、毛沢東などの、いわゆる「(革命)第一世代」の指導者が相次いで亡くなった。10月には、毛沢東の後継者に指名された華国鋒《かこくほう》をはじめとする中央指導部は、「四人組」を追放して文化大革命の終了を宣告した。1978年末、中国は改革開放という歴史的大転換を迎えた。

翌年、私は復旦大学国際政治学部修士課程を修了した。その後、引き続き復旦大学国際政治学部の助教として勤め、「戦後国際関係」や「国際法」等の専門科目の授業、日中関係の講座を担当し、日本政治などの研究を進めた。また、学部長補佐役として科研秘書に任命され、学部の学術研究や院生の管理業務を担当した。

1979年から中国政府は、アメリカをはじめ海外への留学生や研修生の派遣を本格的に実施し始めた。復旦大学の留学生派遣先として、最多はアメリカで、2番目は日本であった。海外派遣の枠が少ないため、かなり激しい競争があった。

1983年春、私は復旦大学国際政治学部の推薦を受け、復旦大学の教師資格弁公室の審査を経て、大学国際交流の関係会議で日本留学の内定をいただいた。留学のために、日本語能力試験に合格しなければならない。しかし、私は国際関係が専門で、日本語の能力は低かった。そこで同年9月から12月にかけて通常の授業や管理事務を担当しながら、夜は日本語を猛勉強した。

12月下旬、上海外国語学院（大学）の試験会場で、中国国家教育委員会（現在、教育部）の出国人員外国語（日本語）能力統一試験を受け、幸いにも合格できた。当初は関西地方の大学に派遣される予定だったが、不思議なことに創価大学への1年間の派遣ということになった。

復旦大学名誉教授になった池田先生

不思議なことは、さらに続いた。創価大学に赴任する3か月前、復旦大学で池田先生に再会したのである。

1984年6月9日、池田先生が第6次創価学会訪中団と共に復旦大学を訪問された。大学は池田先生への「名誉教授」の授与式を準備していた。私は若手教員の代表として参加した。創価大学への派遣内定をすでにいただいていたので、本当に嬉しい気持ちで授与式に臨んだ。

授与式は、復旦大学第1教学楼4階の大教室で行われた。大教室の机には白いテーブルクロスがかけられ、色とりどりの美しい花の小鉢が机に飾られ、正面の大きい黒板には「池田大作先生復旦大学名誉教授証書授与儀式」と大書されていた。

池田先生は蘇歩青名誉学長、鄒剣秋《しゅうけんしゅう》副学長など大学指導者の案内で入場され、百数十人の教職員や学生が盛大な拍手で迎えた。香峯子夫人、創価学会の秋谷栄之助会長らの創価学会訪中団一行も出席した。復旦大学からは哲学学部の胡曲圓《こきょくえん》教授、厳北溟《げんほくみん》教授など著名な哲学者、中日友好協会の黄世明《こうせいめい》秘書長も出席した。

挨拶に立った蘇名誉学長は、「本日、池田大作先生に復旦大学の名誉教授の証書をお渡しすることになりましたことは、誠に喜ばしいことであります。学長、教職員一同を代表して、池田大作先生に熱烈な歓迎と衷心からの祝賀の意を表したい」と述べ、名誉教授の証書と記念のメダルを授与した。

そして蘇名誉学長は、池田先生の業績を賞賛し、「池田先生のおかげで、創価大学と本学の学術・教育交流が深まり、交換教員の段取りも具体化している」と謝意を表し、「今後もたびたび復旦大学に戻られ、名誉教授として講演をしていただきたい」と語った。

続いて、上海市人民政府の楊愷《ようがい》顧問が挨拶に立ち、「上海市人民政府を代表して、池田大作先生に衷心からの祝賀を表したい」「池田先生は6回にわたる中国訪問で、鄧小平主任、李先念国家主席、胡耀邦総書記、鄧穎超政治協商会議主席をはじめ、わが国の首脳と歓談をされたことは、私どもはよく知っています」「池田先生を敬服しているのみならず、親近感を感じています」等と述べた。

池田先生は、「復旦大学の名誉教授の称号を光栄にも拝受しました。心から感謝します」と謝意を述べ、ユーモアをまじえながら講演に入った。『人間こそ歴史創出の主役』と題する講演だった。その中で池田先生は、「中国伝統の歴史観というものが、常に人間の運命への問いかけと不可分の関係にあった」「自分の運命を毅然として受け止める自立の人間像を確立していくところに希望の世紀への突破口がある」と、司馬遷の『史記』などに触れながら語られた。

この授与式では、直接に池田先生と会話する機会はなかったが、学術的にも素晴らしい講演を拝聴することができ、大変勉強になった。

交換教員として創価大学に赴任

復旦大学の授与式から3か月後の1984年9月、私は交換教員として憧れの創価大学に赴任した。当時、創価大学と正式に学術交流協定を結んだ中国の大学は、北京大学、復旦大学、武漢大学の3大学しかなかった。復旦大学は外国語学部教員2名を創価大学に派遣したことがあったが、私は創価大学との学術交流の合意に基づき派遣された第1号の交換教員となった。

来日に当たって、私は夏休みを利用して北京語言学院（現・北京語言大学）にある中国国家教育委員会出国人員教育訓練センターで1か月ほどの出国教育を受け、出国手続きを行った。そして、人生初の国際便の飛行機で北京空港を出発し、成田空港に到着した。成田空港では、創価大学国際部の担当者の出迎えを受けた。

創価大学のゲストハウスに入室した私が驚いたのは、創立者・池田先生のご配慮だった。広くてきれいな部屋には、池田先生のメッセージ、美しい花束、美味しそうな果物や食べ物等が置いてあった。中でも、感動したのはご飯である。下放時代に農村で食べたご飯はもとより、上海や北京などの大都会で食べたご飯さえ、比べものにならないほど美味しかった。私はササニシキのご飯で、来日早々に「胃袋を摑まえられた」のである。

数日後、高松和男学長など大学関係者の方々とお会いしたが、私の心には「いつ池田先生にお目にかかれるか」という期待があった。そして、ほどなくその日が訪れた。

9月25日の午後、私は北京大学の交換教員と共に、国際部の担当者の案内で大学A棟8階に向かった。応接室に入ると、池田先生が中国語で「歓迎」と言いながら迎えてくださった。私は新任の挨拶を申し上げてから、「1978年9月に復旦大学の図書贈呈式でお目にかかったことがあります」と話すと、池田先生はしばらく私の顔を見て、「そうだね。会ったことがあるね」と頷かれた。さらに、復旦大学名誉教授授与式の話をすると、「復旦大学は立派な大学で、名誉教授称号をいただき、大変光栄でございます」とおっしゃられた。

交換教員については、「教育の面でも、友好・交流を深めていくことが、世界平和への大きな役割を果たしていくことになる」などと語られ、今後の研鑽や日中友好への一層の交流に尽力と期待を示された。しばらく歓談した後、池田先生は「さあ、行きましょう」と言って立ち上がられ、私たちを室外へ誘った。

エレベーターに乗り、地下2階の「生協」（学生生活協同組合）というミニスーパーに着いた。池田先生の姿を発見した学生や教職員が駆け寄って来て、周囲には人垣ができた。池田先生は私と北京大学の交換教員に、「先生方はこちらに来て。生活、勉強、研究等の面においていろんな用品が必要でしょう。どうぞ、ここで好きなだけ選んでください。私がプレゼントします」とおっしゃられた。正直に言うと、欲しいものがいっぱいあった。しかし、私は池田先生のお気持ちだけいただくことにして、ボールペン1本を手に取り、「ありがとうございます」とお礼を申し上げた。

私にとってこのボールペンは、池田先生、そして創価大学との「縁」を強固にした大事な宝物である。あれもこれもではなく、一つだからよい。おそらく池田先生も、私のそうした気持ちを察してくださったに違いないと思っている。

母校・復旦大学との交流

交換教員として創価大学に滞在したのは、１９８５年10月までの13か月間である。この間、池田先生に何度もお会いすることができた。特に印象的だったのが、母校・復旦大学関連の交流活動である。

１９８４年11月2日、復旦大学の蘇歩青名誉学長を迎えて、「創価大学名誉博士学位記授与式」が行われた。蘇名誉学長は世界的に著名な数学者で、特に微分幾何の領域において卓越した業績を上げていた。若い時に来日して東北大学に留学し、日本語が堪能で、池田先生とは旧知の間柄である。

授与式では、蘇名誉学長の長年にわたる数学界、教育界における功績を称え、創価大学の高松和男学長から名誉博士の学位記、メダル、記念の盾が授与された。続いて、蘇名誉学長が謝辞を述べ、「日本の立派な大学で名誉学位記を受けた喜び」を披露し、「中日友好をはじめ人類の進歩、世界の平和のため、心と心との交流を訴え努力している池田先生に敬意を表したい」と語りつつ、「復旦大学と創価大学の相互理解、学術交流を一段と深めていきたい」と強調した。

この日は第14回創大祭が開幕し、午後3時からメーン・フェスティバルが中央体育館で盛大に開催された。池田先生は教職員と共に出席し、私も参加させていただいた。

そして夕刻から、蘇名誉学長の歓迎宴が行われた。会場は、創価大学のレストラン「パリ」である。

歓迎宴には、池田先生はじめ高松学長、岡安博司副理事長、二瓶暢祐経済学部長、小室金之助法学部長、若江正三国際部長、関順也通信教育部長、山崎尚見創価学会副会長など、20名ほどの関係者が列席した。

池田先生は、蘇名誉学長と並んで席に着かれ、友好的な雰囲気の中で歓談されていた。

歓迎宴は2時間ほど続いた。その中で、池田先生と蘇名誉学長が述べた次の言葉が強く印象に残った。

池田先生は、「人生は生死を免れない、『長く』人生を生きたといっても充実度から見ると『短い』場合があり、『短い』といっても実質的に『長く』生きたという場合もある。それが人生の生死であり『これで悔いがない、満足だ』と言えるものをつくることだ。そこに人生の極意があるといってよい」と。

蘇名誉学長は、「人生は人類にどれだけ貢献したかで決まる。無為徒食ではいけない。その意味で創価大学という名称が好きだ。そこには人類のために価値を創造するという意味が含まれているからだ」と。

当時82歳の蘇名誉学長と56歳の池田先生は、まるで兄弟のように親しく語り合い、共に豊かな人生の経験者として含蓄のある話を交わされていた。その言々は、私のその後の人生に大きな啓発を与えた。

翌年の4月17日、復旦大学代表団が桜花爛漫の創価大学のキャンパスを訪れた。一行は復旦大学林克《りんこく》党書記をはじめ強連慶教務長、国際交流処孟祥生《もうしょうせい》副処長、歴史学部姜義華《しょうぎか》副学部長、経済学部尹伯誠《いんはくせい》副学部長などである。

午前中、高松学長をはじめ創価大学教職員、学生が代表団の来訪を熱烈歓迎し、林党書記は心から感謝の意を表した。続いて、創価大学と復旦大学の学術交流に関する協定の調印式が行われた。調印式で林党書記は、「両大学の交流は、学術研究の面でも、また中日両国世々代々にわたる友好促進の面でも深い意義がある」と強調し、池田先生の中日友好の貢献を称えた。

その日の午後、代表団一行は創価学会本部を表敬訪問し、秋谷栄之助会長らと約1時間にわたり懇談をした。その際、秋谷会長から、「地方に赴いているためお会いできないが、くれぐれもよろしくお伝えください」との池田先生の伝言が紹介された。これに対し林党書記は感謝の意を表し、午前中に復旦大学と創価大学の学術交流協定の調印を行ったことを報告すると共に、「今後、中日両国の友好関係、両大学の学術・教育交流を促進していく」との決意を述べた。

学術交流協定の調印をきっかけに、創価大学と復旦大学の学術・教育交流は新しいスタートを切った。その後、両大学は教員の交流、学生の交流、代表団の訪問、学術研究の協力など、さまざまな交流を推進してきた。

交流が広がる

創価大学での滞在中、私は文学部に所属し、主に文学部の教員と学術交流を行った。私の世話役になってくださったのが、中西治教授である。中西教授は、国際関係論、特にソ連（ロシア）研究の学者である。文学部において2回、特別講義をした。1回目は「中国における国際政治研究の発展」、2回目は「中国外交の発展と課題」と題する講義である。後に1回目の講義原稿を整理・加筆して、創価大学の「ソシオロジカ」という雑誌に掲載していただいた。中西教授のご紹介で、日本の多くの国際政治学者と交流し、日本国際政治学会の年会に参加することができた。

また、文学部の土井健司教授とも親交を深めた。中国古典文学研究の学者である土井教授は、別科長として共通科目中国語授業の運営を担当されていた。土井教授の依頼で、私は共通科目中国語授業を担当したことがある。土井先生は若くして亡くなられたが、個性豊かで、お酒が大好きで、楽しく中国古典文学（酒文化）などについて語り合った思い出がある。

文学部以外にも、幅広く創価大学の教員と交流をした。法学部の高村忠成教授は、国際政治、特にフランス政治思想研究の学者である。高村教授のお招きで、「仏教と平和」と題する国際学術シンポジウムに参加し、私は「世界平和と日中友好」と題する発表を行った。法学部の小室金之助学部長は商法研究の学者であるが、シェークスピア文学作品にも造詣が深かった。小室教授の推薦で、西東京ロータリークラブで「中国教育の現状と課題」をテーマに講演をしたことがある。当時の国際部長・若江正三教授、副部長・福島勝彦教授にも大変お世話になった。福島教授のご自宅で奥様のおいしい手料理をいただいたことも忘れられない。

創価大学の学生は、池田先生の思想と哲学を理解し、創価教育の理念を受け継ごうとしていた。私の印象は、優しい学生が多く、努力家が多く、社会活動に熱心な学生が多いことだった。中でも、私が中国人ということで積極的に関わってくれたのが「中国研究会」の学生たちである。

中国研究会は、創価大学の開学（1971年4月）と同時に発足した学生団体の一つである。「日中国交正常化提言」に触発され、池田先生が命懸けて開かれた日中の平和友好の流れを断じて受け継ごうとの、使命に燃える学生らを中心に創部された。

交換教員として赴任した翌年の1985年2月、中国では旧暦のお正月である。

この時は、家族団欒で祝う習慣がある。しかし私は単身赴任の状態で、家族は日本入国ビザを申請し、入国許可を待っていた。中国の伝統的な年中行事で最も重要視される旧暦のお正月を、一人で迎えるわけにはいかないと思い、宿泊先のゲストハウスに創価大学の学生や留学生十数人を招き、新年パーティーを開いた。私が作った中華料理は好評だったが、それ以上に賑やかな雰囲気の中で新年を迎えることができたことが嬉しかった。

滞在中の交流は、大学外にも及んだ。池田先生のご配慮で、国内研修旅行に2回招待していただいた。1回目は関西、九州、沖縄で、もう1回は東北、北海道である。各地の観光名所の見学のみならず、大学を訪問して学者の方々と交流をした。

神戸大学では五百旗頭真教授、初瀬龍平教授、木戸蓊教授、九州大学では谷川栄彦教授、東北大学では大嶽秀夫教授、北海道大学では伊東孝之教授などの方々で、国際政治・日本政治の多分野にわたる学術交流を行い、大変勉強になった。

また、地方の創価学会の主要施設を訪問し、各地のリーダーたちとも友好を深めることができた。特に印象深かったのは、沖縄と北海道である。沖縄では、琉球王国と中国の交流史、沖縄の戦争史、平和記念碑などについて語り合った。北海道では、北方領土問題、平和活動などについて語り合った。いずれも日本国内では、政治的に虐げられてきた地方である。

しかし、リーダーたちは「だからこそ、幸せになる権利がある」と強調した。どの地方にも池田先生を尊敬する会員の方々がいて、「池田思想」が浸透していることを、私は実感することができた。

「池田思想」の研究に着手

創価大学での約1年間の滞在は、私の人生に重要な影響を与え、「池田思想」研究の契機となった。当時、私にとっての「池田思想」とは、「価値創造」だった。それは、蘇歩青復旦大学名誉学長が創価大学を訪れた際に語った「創価大学という名称には『人類のために価値を創造する』という意味が含まれている」との言葉が脳裏にあったからである。

その手掛かりを摑むため、池田先生の著作を読み始めた。最も印象深かったのは、池田先生とトインビー博士の対談集『21世紀への対話』だった。トインビー博士の要望で実現した対談は、1972年5月と翌年5月に、ロンドンのトインビー博士の自宅で行われた。そして対談集は、「人間はいかなる存在か」「医学における倫理観」「マスコミの中立性」「生命の永遠性」「経済発展と戦争」など、人類が抱える諸課題を洞察し、解決の方途を探求している。国際関係を専門とする私は、対談集を読んで大きな啓発を受けていた。

1985年10月、創価大学交換教員としての滞在期限が満了し、復旦大学に戻った私は、創価大学での研究を基に池田先生の著作を読み続けた。また、国際政治学部で担当した日本関連の新しい授業に「池田思想」研究を取り入れ、特に担当クラスの学生には「池田思想」に関する講座を行った。同時に、日本の政治外交の研究にも取り組んだ。

東京大学法学部の客員研究員として再来日

私が創価大学の専任教員（教授）になるまでの経緯を、最後に記しておきたい。

1987年9月、私は復旦大学大学院国際関係専攻博士コースの院生第1号となり、教壇に立ちながら博士課程の勉強をした。指導教授・劉星漢《りゅうせいかん》先生のもとで、中米日関係の研究に着手。その際、日本関連の資料を収集するため、東京大学法学部での1年間の研究滞在を申請した。1989年の春、東京大学法学部教授会の許可を得て、9月に東京大学に赴任することが決定した。

しかし、その年の6月に中国では「天安門事件」と呼ばれる重大な事件が起きた。事件後、中国の国際環境は大変厳しくなり、海外派遣、特にアメリカへの派遣はキャンセルされたり、延期されたりするケースが多々あった。私は、日本に行けなくなるのではと心配していたが、復旦大学の関係機関や関係者が手を尽くしてくださり、出国の再審査を受けて出国許可が下りた。とはいえ、政情不安定な中では、いつどうなるかも知れず、日本に到着するまでは心配が続いた。

当初の赴任予定から3か月遅れの1989年12月12日、成田空港に到着した私を、創価大学の関係者が出迎えてくださった。復旦大学に戻ってからも、創価大学の方々とは連絡を取り合っていた。

宿泊先は、東京都港区白金台の東京大学インターナショナルロッジだった。翌日、地下鉄本郷3丁目駅近くの東京大学キャンパスに行った。有名な「赤門」を通って、法学部の研究棟に入った。法学部の客員研究員としての1年間の滞在中は、毎週月曜日から金曜日まで、ほぼ毎日、東京大学に通った。共同研究室で専門書を読んだり、図書館で研究資料を調べたり、関係の研究活動に参加したりしていた。

東京大学は日本トップの名門大学として、日本の大学教育と研究の最先端に位置している。一流の教授陣が揃っているだけでなく、優秀な学生も大勢いた。1年間の研究生活で私は、大いに視野を広げ、貴重な研究資料を収集することができた。

その後、私は横浜市立大学の山極晃教授のご紹介で、1990年1月から1992年2月まで同大学の客員研究員として研究生活を続けた。さらに、この間（1991年3月~6月）、北海道大学法学部の外国人研究員の助成を受けて、札幌に約4か月滞在した。

1992年にしばらくの間、復旦大学に復職した後、翌年に再来日し、日本企業の中国顧問として中日経済交流と人材交流の仕事に携わった。そして日本大学、大東文化大学、文教大学、目白大学、慶応義塾大学等で非常勤講師を務めた。

1998年4月から、創価大学の非常勤講師を務めることになった。1984年から約1年間、交換教師として創価大学に滞在していた私は、その後も教授や関係者と連絡を取り続けていた。担当した共通科目中国語科目はコーディネーター土井健司教授が、「アジア社会研究」という専門科目は文学部長・中西治教授が、手配されたものだった。また、国際部との繋がりで創価大学の中国交流に携わった。

日中友好の〝懸け橋〟に

2005年9月のある日、1限目の中国語授業を終えて講師室に入った私は、事務の方から、「学長室より、午後に学長室に来てくださいとの連絡がありました」との伝言を聞いた。指定の時間に学長室に入ると、若江正三学長と田代康則理事長及び学事部長等がおられた。若江学長は、「汪先生の教育研究の実績及び大学事業の発展を考慮し、創価大学理事会は汪先生の本大学教授の任命を決めました」と話され、その場でワールドランゲージセンターに所属すること、共通科目中国語の授業とダブルディグリーコースの授業を担当すること、中国交流にも携わることなどが伝えられた。

専任の教員として創価大学の一員になりたい、との長年の夢が叶った瞬間だった。創価大学の専任教員となることは、かねてからの念願だった。かつて復旦大学を離れた際、「復旦大学の良いポストを捨てて日本に行くとは信じられない」といった声を、あちこちで耳にしたことがある。確かに、私は復旦大学でも活躍できる場があった。しかし、池田先生のもとで中日両国の教育文化交流の〝懸け橋〟になることこそが私の使命であり、この人生の選択は正しいと確信できた。

2006年4月、私は池田先生に一通の手紙を差し上げた。そこには、創価大学での1984年から1年間の交換教員と、1998年から8年間の非常勤講師を経て、この年に創価大学の教授として採用された喜びと、創立者への御礼と感謝を表した。そして、創大の一員として、建学の精神に基づき、大学の大発展のために努力する決意を記したのである。

この手紙を託した田代理事長に、「これから創価大学の発展のために、生涯を捧げます」と述べると、理事長は「良かったですね。よろしくお願いします」と笑顔で応じてくださった。

専任教員になった私は、創価大学と中国の学術機関との交流をさらに推進した。その過程で、中国の大学・学術機関が池田先生に贈られた「名誉学術称号」の授与式の多くに関わらせていただいたが、それらはすべて私の「金の思い出」である。

※

創価大学のキャンパスには、池田先生が創立時に示された次の二つの言葉を台座に刻んだブロンズ像がある。

『英知を磨くは何のため　君よ　それを忘るるな』

『労苦と使命の中にのみ　人生の価値（たから）は生まれる』

私は、これらの言葉に「池田思想」の発露があると考えてきた。前言は、序章にも記した第1次訪中（1974年）の折に出会った中国の少女との会話を想起させる。

「あなたは、将来、どんな仕事に就きたいと思いますか」との池田先生の問いかけ

に、少女は「人民が望むなら、どんな仕事でもします」と答えたという逸話である。（『新・人間革命』第20巻、聖教新聞社刊）

当時の中国は発展途上で、人民の多くは貧しかった。しかし、新しい国づくりへの気概は高かった。翻って、経済成長中の中国で、「人民が望むなら、どんな仕事でもします」と言える青少年はいるのだろうかと思うと、はなはだ心もとない。恵まれた環境の中で育った子供たちは、ともすると人生の目的意識が希薄になりがちである。

その点で、創価大学の学生は「何のために学ぶのか」という目的意識がはっきりしている。このような意識は、日本の大学生の中では突出しているのではないだろうか。

池田先生が創価大学の学生への指針としたのが、「大学は大学に行けなかった人のためにある」という言葉である。「行きたくとも行けなかった人」のために、「英知を磨く」のだ。

後言は、私の人生の実感でもある。16歳の時に政治方針によって農村に下放され、農民たちと労苦を共にした。しかし、そのことで私は「人民のために」という目的意識を明確にできた。その目的意識はやがて、「中日友好の懸け橋になる」との使命感をもたらした。

そう考えると、私が池田先生と創価大学に巡り合ったのは、「『価値創造』の道を歩むうえで必然だった」と断言できるのである。

あとがき

２０１９年3月31日、私は創価大学を定年退職した。その後は、客員教授として「人間教育論」「地域研究Ⅱ」「中国語」などの授業を担当しつつ、創価大学の対中国交流に携わっている。

これまでの私の人生を振り返ってみると、大きく二つの時期に分けられる。前半は中国で、後半は日本で暮らしてきた。そして、日本での生活は30年余りになる。

１９８４年、初来日した時の忘れられない思い出がある。財布を紛失したので東京駅八重洲口の交番に届け出たところ、警察官が交通費として２０００円を貸してくれた。治安維持専門の中国の警察では考えられないことなので、驚くと共に感激した。勿論、後でお金を返しに行ったが、何よりも嬉しかったのは、困った人に手を差しのべるという、その行為だった。

私が幼い頃に暮らしていた中国の実家は、近年は「上海の浅草」と呼ばれるほど賑わう道教の寺院・城隍廟《じょうこうびょう》の近くにあった。遊び場だった城隍廟正殿の入り口の左右両側には、「好（よ）い人になり」「善（よ）い事をする」という二行連句が掲げられていた。当時は真意を理解せずにいたが、それから半世紀以上を経た現在の私は、この言葉を無意識の人生指針としてきたようにも思える。

それを深く自覚させられたのは、創価大学の創立者・池田大作先生の謦咳《けいがい》に接してからである。池田先生との出会いは、１９７８年9月13日の母校・復旦大学での「図書贈呈式」に遡る。当時、私は大学院生だった。その時の「縁（えにし）」が、私を創価大学へと誘《いざな》ったのである。

復旦大学と創価大学での勤務年数を合わせると40年以上の教職歴になるが、教育は私の終生の使命であると思っている。私事で恐縮ではあるが、池田先生から激励として贈られた二つの言葉をご紹介したい。

「鴻福祥和」（2003年4月26日）

「中日友誼鴻鵠《こうこく》志」（2007年4月2日）

いずれも私の名（鴻祥）にちなんだ贈言だが、前言は私の個人的幸福を願い、後言は私の社会的使命を期待したものと解釈をしている。「好い人になり、善い事をする」人生であれ、との指針ともいえよう。

鴻鵠志とは「大志」を意味する。

私の大志は、人類社会の教育の発展のため、日中友好の人材育成のために尽力することである。創価大学のキャンパスは、景色がとても美しい。中でも春の桜は、心が洗われるような思いがする。この「花園」で、一人の「庭師」として働けることを誇りに思う。

※

定年退職をした私は、在任中の「池田思想」研究の成果を、日本語の論文集として出版しようと考えた。創価大学卒業生の親しい友人に相談したところ、鳳書院を紹介してくれた。同社の皆さんとお会いし、さまざまな話をする中で、池田先生及び創価大学と中国との友好関係・学術交流の見聞録としてまとめてみたらどうかとのアドバイスを得た。

しかし、中国との友好関係・学術交流の記録ということでは、池田先生がすでに膨大な著作を発表され、創価大学等からもさまざまな出版物が刊行されている。私の見聞録は、私的な記録である。したがって、それを公にすることには躊躇《ためら》いがあったが、周囲の皆さんの励ましもあって、1年ほどかけて 原稿にまとめ上げることができた。

私の日本語の著書発刊に意味があるとすれば、いかに池田先生が中国を大事にされ、出会った一人を大切にされてきたかを、実体験者として伝えることではないか。しかも、最もよく伝えるべき相手は、日中両国の若者、特に中国の日本語を学ぶ学生諸君に他なるまい。いま中国には、日本語を学ぶ人たちがたくさんいる。そうした人々に、池田先生の言動を正しく認識してもらい、「池田思想」への理解を促すことこそが、本書における私の「秘めたる大志」である。

そのように考えると、拙著が鳳書院から出版されることには不思議な必然性を覚えると共に、感慨を新たにした。改めて、本書刊行にあたって、ご協力いただいた皆さんに、衷心より御礼を申し上げたい。謝謝！

汪鴻祥（おう・こうしょう　Wang hongxiang）

1953年8月、中国・上海生まれ。

中国・復旦大学国際政治学部卒業、博士課程中退。復旦大学専任講師、東京大学法学部客員研究員、創価大学教授を経て、現在、創価大学客員教授。専門は、国際政治学、東アジア政治、日中関係。著書に『戦後国際関係史綱』（共著、世界知識出版社、1989年）、『変貌する現代中国』（共著、白帝社、2004年）など。

「価値創造」の道

いま、中国で広がる「池田思想」研究

2021年9月8日　初版第1刷発行

著　者 ――――汪鴻祥
発行者 ――――大島光明
発行所 ――――株式会社　鳳書院
〒101-0061　東京都千代田区神田三崎町2-8-12
電話番号　03-3264-3168（代表）

印刷所・製本所――中央精版印刷株式会社

Printed in Japan 2021
ISBN978-4-87122-200-6
落丁・乱丁本はお取り替えいたします。小社営業部宛にお送りください。
送料は当社で負担いたします。